# Y le susurré al caballo

David Castro

Castro, David Guillermo
    Y le susurré al caballo. - 1a ed. - Arturo
Segui : el autor, 2017.
    182 p. ; 23x16 cm.

Castro, David
Y le susurré al caballo



Primera edición: febrero de 2017

Diseño editorial: Mónica Champredonde y David Castro
Dirección de Arte: Mariana Domic Radtschenko
Diseño de tapa: Virginia María Lasta
Fotografía de tapa: Mariana Domic Radtschenko
Adaptación de maqueta: Virginia María Lasta
Pinturas: Tamara Esposito
Corrección: Ana Pérez Rodríguez y Ana Bertoni

Fotografías: página 10 Manino, 50, 51 Nevzorov Haute Ecole, 174 Mario Greco



Impreso en Argentina. Printed in Argentina

A mis amigos y maestros.

Prólogo

Este no es un libro, es una compilación de escritos realizados en distintos momentos; algunos de ellos se desprenden de discusiones llevadas a cabo con distintas personas, tanto del ámbito ecuestre, como de la salud, la educación o el proteccionismo, y otros de mi propia necesidad de desarrollar y explicar los distintos temas aquí tratados.

En algún momento se pensó que estos iban a funcionar como un apéndice de mi libro *El silencio de los caballos*, pero finalmente la obra se independizó siguiendo su propio camino. De todas maneras, en *El silencio de los caballos* menciono algunos de los temas que aquí se desarrollan y esa es otra de las razones por la que me pareció conveniente editar estos textos en una compilación: así, quienes, por haber leído mi libro, estén interesados en entender otro tipo de acercamiento a los caballos, pueden completar en lectura a través de estos artículos. Sé que algunos temas quedan sin profundizar y que se abre el abanico de las temáticas relacionadas a lo que, en mi parecer, está expresado en nuestra relación con los caballos. Mi intención principal ha sido elegir artículos donde traté temas que, probablemente, no estarán en posteriores obras.

Los textos han sido ordenados en una sucesión temática que nos pareció coherente, pero que no respeta en sí las fechas en que estos textos fueron escritos. Si bien tratamos de editarlos y prepararlos un poco para esta compilación, nuestra intención fue mantenerlos lo más originales que fuera posible, evitando así la tentación, tan común en estos casos, de reescribirlos. Quiero confesar que no es una tarea fácil, sobre todo para aquel de mirada inquieta o crítica que, como yo, se reencuentra con esa parte de sí mismo que el autor deja en la obra pero que, en definitiva, ya pertenece al pasado.

Todo esto me evoca la frase de *El libro de los abrazos* de Eduardo Galeano: *"Al fin y al cabo, somos lo que hacemos para cambiar lo que somos. La identidad no es una pieza de museo, quietecita en la vitrina, sino la siempre asombrosa síntesis de las contradicciones nuestras de cada día.*

*En esa fe, fugitiva, creo. Me resulta la única fe digna de confianza, por lo mucho que se parece al bicho humano, jodido pero sagrado, y a la loca aventura de vivir en el mundo".*

David Castro
Arturo Segui - Marzo de 2016

# Algunas palabras sobre mi camino

Hace poco más de catorce años atrás, comencé mi estudio de los caballos. Al principio fue puramente intuitivo y exploratorio (por curiosidad), casi un juego. Me interesé en probar con caballos las técnicas de cetrería que conocía. Fue tan movilizadora la experiencia, que comencé a formarme en las diversas teorías y escuelas, tradicionales y alternativas, que encontraba. Ya apasionado, pero totalmente direccionado en la busca de una relación armoniosa con estos animales.

Después de experimentar un tiempo por mi cuenta, en 2002 me acerqué al creador de la doma india, Oscar Scarpatti para estudiar y colaborar con él y su hijo durante un tiempo. Trabajé algunos años como domador indio y, habiendo alcanzado la maestría en dicho método, para continuar mi formación y exploración, decidí estudiar el método de Klaus Ferdinand Hempfling. De este famoso hombre de caballos me atraían mucho sus trabajos sobre lenguaje corporal, y así lo practiqué durante más o menos dos años pero, no conforme con esto, proseguí mis estudios con el entrenamiento en libertad de Carolyn Resnick.

Para esa época comencé a comprender las funestas implicancias en la educación de los caballos de cualquier técnica de presión o coacción para conseguir su obediencia. Decidí, desde ese momento, dejar definitivamente la doma india. Tampoco me convencieron otros métodos similares que estudié, como los de Monty Roberts, Pat Parelli, Mark Rashid, Lucy Rees u otros exponentes del natural horsemanship.

Me encontré solo y por las mías buscando profundizar cada vez más en mi investigación para poder responder con conocimiento a mi búsqueda. Lentamente, me fui distanciando de mi querido amigo y mentor Oscar y de su hijo, a quienes todavía recuerdo con afecto.

Continué mi camino con la determinación de experimentar e indagar hasta encontrar una manera de estar con los caballos, libre de presión o coacción. A esta altura tenía ya bastante conocimiento, experiencia y sentido crítico. Estaba claro que uno de los ingredientes necesarios era el interés y la participación real del caballo. Para mí, esto se había vuelto lo más importante.

El autor con Wicca en el año 2006.
FOTO: Manino

Si bien el método de Hempfling y el de Resnick me mostraron diferentes e interesantes facetas de la relación con los caballos, lo que aportaron a mi búsqueda fue básicamente la necesidad de abandonar todo tipo de intento de control respecto a la relación y la educación del caballo, así que, una vez que profundicé en ellos, también los abandoné.

A fines de 2009, decidí no montar más a caballo hasta que este no estuviera debidamente reunido en libertad. Comencé por mi cuenta la exploración de un modo de educación que estuviera basado en el juego y la libertad de movimiento del caballo. En 2010, me inscribí en la Nevzorov Haute Ecole, una escuela de investigación, crianza y educación de caballos creada por Alexander Nevzorov y su esposa Lidia Nevzorova. En un par de años fui incorporado al grupo de los alumnos avanzados y hoy soy representante de la Nevzorov Haute Ecole en la Argentina.

Arturo Segui, enero de 2013

# Introducción

**D**urante los años 80 y 90, el término "susurrador de caballos" [1] se populariza, no solo dentro del mundo equino sino entre los no aficionados. Libros [2], películas [3] y graciosos personajes aparecen en escena embanderando lo que dio en llamarse la técnica del susurro o horse whispering. Luego vinieron los juegos de palabras o sinonimias, técnicas similares y hasta quienes "escuchaban" a los caballos, pero la idea asociada a este concepto, no varió en esencia. Todos los términos y nomenclaturas, al igual que el de "Natural" o semejantes, están siempre relacionadas a algo positivo, algo mejor, una opción de doma o entrenamiento que representa determinada gentileza con respecto del hombre hacia el caballo. El término, en sus inicios relacionado casi con lo mágico o lo místico [4], un poder para comunicarse con los caballos y obtener así su obediencia y complicidad, es hoy sinónimo de una técnica amistosa y no violenta para enseñar al caballo y preservar su salud física y mental. El camino para una relación "gentil" que nos asegura los frutos de una amistad de aquel ser que hemos sometido.

[1] En inglés *horse whisperer*

[2] *The Horse Whisperer* o *El hombre que hablaba al oído de los caballos*, de Nicholas Evans

[3] Se llamó también *El señor de los Caballos*, basada en el libro homónimo de Evans

[4] Ver nota 23 en Los indios y sus caballos que dice: Entre los Lakota se dice que existió un clan llamado Susurradores de caballos (horse whisperers) dedicados a domar caballos considerados especiales, legados de Wanka Tanta. Estos caballos tenían el valor de intercambio de 30 o 40 caballos corrientes. Sin embargo, algunos aseveran que el término horse whisperer hace referencia a John Solomon Rarey.

# Shadow y el susurrador de caballos

*Eran una belleza su fuerza, su espíritu, su libertad. Un espíritu sin mancilla, sin mella. Una voluntad indómita. A su galope fugaz, su figura oscura se integraba con la noche y las estrellas en el horizonte. Por las mañanas, su oscuro brillo se llenaba de las perlas del rocío y de hierbas cuando refregaba su lomo en el prado. Por las tardes, las arenas y el polvo de sus baños de tierra matutinos flotaban en el viento durante las carreras y los juegos, hasta el pozo que estaba cerca de la casa. Los otros potros siempre llegaban antes, pues en la carrera se dispersaba dando saltos, corcovos y patadas al aire.*

*En la casa, los ojos de los niños se encendían con un brillo de emoción compartida al contemplarlo correr, jugar, pasar, o simplemente brillar umbrío al sol de las siestas del verano y los mediodías del invierno. La más pequeña había tocado su hocico aquella vez en la loma, cuando el potro se acercó curioso al verla recoger las flores para la fiesta de su hermano. El del medio le ofreció un manojo de hierbas aquel día en que le fue permitido acariciar y rascarle la nuca, pero solo el niño mayor silbaba corriendo hacia el arroyo y lograba que el potro lo siguiera para quedarse con él bajo el sauce o caminar por la orilla, hasta el límite de las tierras y la hondonada.*

*Luego llegó el día.*

*Aquella mañana Shadow acompañó con confianza al niño mayor hasta la puerta del corral. El potro dudó unos segundos en la entrada, pero alguien* por detrás lo sorprendió con un suave chistido, y al dar unos pasos la puerta se cerró detrás de él. Mientras el niño se iba del corral, el potro ladeó levemente la cabeza para comprobar que no había por allí salida. Manoteó el suelo nervioso y expectante. El extraño entró unos minutos después. Un hombre hermoso, de mirada gentil, profundos ojos claros y maneras parsimoniosas y seguras. No hizo nada, pero el potro se movió buscando una distancia segura, respetuosa. El paciente domador avanzó unos pasos y el potro comenzó a moverse con suavidad y ligereza buscando una alternativa. El hombre esperó confiado, no había salidas. Pronto comprobaría que, sin poder alejarse o volver con los otros caballos, tampoco había esquinas o rincones donde refugiarse.

Así comenzó la clase y el potro, que era extremadamente sensible, inteligente y seguro, "aprendió" rápido. Quizás por la destreza con que el maestro domador se acercó, descalzo, hasta el oscuro animal sudado que respiraba agitado, para alcanzar a susurrarle dos palabras: "buen chico".

Es cierto, Shadow pronto aprendió. Comprendió que cuando aquel hombre decidía acercarse a susurrarle o tocarlo, no había posibilidad de distancia o seguridad alguna para él. Comprendió que el suave y bonito bozal de sogas era tan fuerte como los troncos del corral y las sogas, tan resistentes como el alambrado. Aprendió que el robusto brazo del hombre podía controlar sus movimientos y que, poco a poco, su cuerpo dejaba de pertenecerle.

¿Qué otra cosa poseía Buenchico -así le decían ahora- sino su propio cuerpo? ¿Acaso era dueño del pasto, de la lluvia o la pradera, de sus hijos, sus hermanos o compañeros? Su cuerpo, su fuerza, sus habilidades, todo le estaba siendo inútil, restringido, todo era limitado... ¿su espíritu?

El hermoso hombre de los ojos bondadosos dejó su sombrero empolvado en un poste y se acercó gentil y seguro al potro macilento que estaba ahora con el cuello horizontal, las orejas algo caídas, la soga colgando tirada en la arena. El hombre se aproximó tan cerca, sin tocarlo, con un ademán tan seguro y lleno de confianza y satisfacción que hasta pudo haber sido soberbio, más que contenedor y comprensivo. Y fue entonces que, con sus manos detrás de la espalda, acercó sutilmente sus labios hasta casi tocar los pelos de la oreja del potro. Era una escena tan íntima como la de dos amantes que permiten y consienten compartir el mismo espacio, el mismo aliento. Mas hombre y caballo no eran amantes, ni siquiera amigos. Una brisa fresca comenzó a soplar y a mover los cabellos de "el hombre que hablaba el idioma de los caballos", como si aquel instante estuviese cubierto por un halo casi mágico. Los labios del hombre apenas se movieron pero la brisa alcanzó a traer el susurro de sus palabras. Su ademán paternal se suavizó aun más al mirar los ojos de los concurrentes y curiosos. Y mientras se acercaba el hombre hacia su "público", los ojos de Buenchico, como abandonando su fuego, observaron sumisos la arena, ya sin brillo.

Las últimas dos palabras.

El hombre salió de la arena bajo la mirada de admiración de los presentes. El caballo había aprendido.

Algunos dicen que las últimas dos palabras susurradas por "el hombre que escucha a los caballos" fueron sus "palabras mágicas"; otros, que son dos simples palabras usuales, azarosas, como "buen chico" o "quieto pingo".

No obstante, sé que no es así. No en este caso, pues el domador dominaba lo que decía con cada uno de sus actos y sus gestos.

Sus palabras fueron "eres mío".

Así Shadow aprendió que hasta el espíritu puede ser encarcelado. Es el truco de todas las domas no violentas, amistosas, el de los susurros, el de la *comunicación con caballos, la etología aplicada u otros métodos similares de coerción.*

*Ahora que ustedes lo saben, que lo entienden, les comento que también puede definirse de otra manera que, casualmente, consiste en dos palabras ya no tan mágicas, sino más bien científicas:* **indefensión aprendida.** [5]

[5] Hay un video en la bibliografia para más información sobre indefensión aprendida.
No todo tiene que ser violento como en "la doma tradicional" o en los campos de concentración. También se puede ser gentil y amable para enseñar indefensión. Simplemente hay que saber cómo hacerlo. Para más investigacón hay otro video de TED en la bibliografía.

Los artículos presentados en el libro tratan de manera general sobre nuestra actitud frente a los caballos, su manejo y las actividades que realizamos a través de ellos, entre otros temas. Son el resultado de años de estudio y de trabajo, de observación de los caballos y de la manera en que nos relacionamos con ellos, así como también de mi paso por las distintas etapas de comprensión, decisión y cambio. No todas las personas que lean estos estarán en el mismo proceso de búsqueda o cambio, incluso no todos tendrán la comprensión o experiencia.

Cada uno tiene su propio recorrido e historia particulares, por eso es probable que cada persona interprete mis palabras de distinta manera, pero aun así, gran parte de lo que describo no es una opinión o punto de vista. Es cierto que en lo que digo expreso mi valoración y percepción sobre estos temas, pero no confundan los hechos con mis apreciaciones. Un hecho es una parte de la realidad que por más que la neguemos y sin importar la valoración u opinión sobre este, seguirá siendo así. El daño y el dolor que producimos en un caballo con el uso de un pedazo de metal en su boca, es un hecho, la cualidad o calidad del dolor o del sufrimiento pueden devenir en cuestiones de opinión, valoración o desvalorización. Pueden ser consideradas por algunos como atendibles o no, pero más allá de que queramos negarlo o anoticiarnos de ellos, el dolor y el daño estarán ahí. Luego, cada persona hará lo que pueda o quiera con esa información. Como dije en el libro *El silencio de los caballos: Tal vez, se necesite un tiempo para "digerir" la información que he brindado. Por lo general, este tipo de descubrimientos, de datos, nos causa algún efecto. Debemos poner en contexto todo, pues aquí no se trata de rasgarse las vestiduras o de acusar y encontrar a los culpables, sino de tomar conciencia y responsabilizarnos de nuestro accionar con los caballos.*

El *"mundo de los caballos"* y su situación generalizada se han vuelto una gran mentira, ahora idealizada por alguna especie de mágico encantamiento susurrado al oído de los caballos.

No tengo ninguna duda de que es el desconocimiento el principal impedimento para quienes quieren relacionarse con caballos respetándolos. Para estas personas he escrito estos artículos.

*Llegará el día, espero, en que las personas empiecen a comprender y ver a los caballos no como a bestias para usar, domar, controlar, liderar, sino como a seres que podemos entender y respetar. Seres que muestran respeto y amor a quien los ama y respeta. Claro que, como todos lo seres, también pueden mostrar sumisión y obediencia al que los somete y les da órdenes.*

# Cambiar la historia
# del caballo

Cambiar la historia
del caballo

En estos primeros artículos del libro busco hablar sobre algunas actitudes y posiciones generalizadas en el mundo ecuestre. Intentan cuestionar o reflexionar sobre el llamado arte ecuestre o arte de la equitación, por ejemplo. Temáticas o situaciones que, por lo general, las "personas de caballos" no pensamos a menudo pero que, de todas maneras, están dentro de la visión popular hacia los caballos, pues son una especie de bagaje cultural o histórico del mundo equino.

# Mensaje

Respecto de la equitación existe, en este momento histórico, bastante información que cuestiona su acepción como deporte o incluso como Arte. Pero esto no es irremediable; solo significa que es necesaria cierta evolución.

No es que la equitación no haya evolucionado durante su devenir, mas hablo de una evolución que se acerque a las concepciones de nuestra época en donde los animales no son meras máquinas o esclavos.

Muchas veces me encuentro con personas que defienden el uso de bocados, riendas y otros elementos de constricción. Distintos grados de imposición o violencia durante la enseñanza de los caballos son considerados por ellos necesarios o inevitables.

Desde esta histórica perspectiva, digo que tienen razón: la efectividad del hierro, a falta de otras herramientas, conocimientos, aptitudes o virtudes, nos ha permitido montar a los caballos, desde que el bocado fue perfeccionado por última vez hace un par de milenios.

Esa es la base de toda la equitación.

Por supuesto que no estoy cuestionando los logros alcanzados por los reconocidos "maestros ecuestres" de todas la épocas, pero uno puede decidir ser fiel a su época, o no.

Los interesados en el "moderno arte de la equitación" deben entender que la equitación no nació como arte. Nace de la necesidad, del utilitarismo, del deseo de controlar el poder del Caballo. Estos fueron sus "axiomas". Es en su devenir histórico que fue adquiriendo otros elementos de la cultura humana relacionados, algunas veces, con lo artístico: la búsqueda de la belleza y la "perfección", por ejemplo, aunque siempre manteniendo alguno de estos elementos iniciales, o su combinación en grados y modos variados. El caballo, no como objeto, sino como protagonista, poniendo el foco en su voluntad, su deseo, su anatomía, su biodinámica, ha recibido una cierta atención durante distintas épocas, mas siempre supeditada a los "crudos axiomas" primarios que subyacen a todas las prácticas ecuestres.

Entonces, en tanto y en cuanto podamos observar y analizar las cosas desde este panorama y desde la experiencia personal de quien ha estudiado esto durante muchos años, no encuentro sentido en explicarles a las personas amantes del uso del bocado y de la equitación mi posición, pues está muy lejos de cualquier intento de controlar o infligir dolor en el caballo. En lo que a mí se refiere, discutir ciertas cosas en el contexto actual sería como discutir si un violador y asesino fue respetuoso con la vida de sus víctimas, o no, durante las ocasiones en que las violó y las golpeó sin darles muerte.

Cuando quitamos estos "axiomas" de los que hablamos como motivación principal y en su lugar colocamos al caballo como protagonista real con inteligencia, deseo y voluntad propia, con un cuerpo único, extraordinario y sensible, todo adquiere otra relevancia.

Mi mensaje es para quien parece interesado en la exploración de otros caminos que quizá incluyan cuestionarse la máxima de que el caballo debe ser controlado y desee, así, dirigir hacia "otros horizontes" su intento.

Como en "Cuatro cuartetos" de T.S. Eliot:

*Y lo que podría ser conquistado*

*mediante fuerza y sumisión, ya ha sido descubierto*

*una, dos veces, varias veces por hombres que*

*uno nunca pretenderá emular*

*-Pero no hay competencia:*

*solo esa lucha por recuperar eso que*

*se perdió y volvió a encontrarse*

*y fue encontrado y perdido una vez y otra vez*
*y ahora en condiciones que parecen adversas.*
*Pero quizá no haya ni ganancias ni pérdidas*
*para nosotros, solo hay el intento.*
*El resto es algo que no nos concierne.*

# Cambiar la historia del Caballo

*Extrañamente, a pesar del hecho de vivir desde hace milenios junto al hombre y contrariamente a lo que uno pensaría, la naturaleza de nuestros animales domésticos nos ha sido relativamente desconocida (...) La naturaleza del caballo ha sido bastante elusiva para la mayor parte de los humanos que han incluso convivido con ellos por muchos años.*

*El Silencio de los Caballos,* David Castro

Aun siendo un animal doméstico muy popular, son pocos los ejemplos de caballos bien cuidados y manejados que podemos ver hoy día. Por su tamaño, necesidad de espacio y delicada salud, cuidar un caballo requiere, de parte de su dueño, mucho más que un perro o un gato. Sin embargo, debido a la histórica abundancia de equinos en estas latitudes, tener un caballo no ha sido tan complejo, ni tan costoso como en países de Europa, por ejemplo.

Incluso así, la abundancia de caballos en Argentina no indica un alto grado de pericia en el manejo de los mismos, sino más bien todo lo contrario. Entre los cientos de miles de caballos criados extensivamente, la histórica abundancia de animales ha contribuido a su descuido.

Sin embargo, las cosas están cambiando lenta pero decididamente. Cada vez más, impulsados por las crisis económicas, los dueños de grandes caballadas o de individuos de gran valor en el mercado dedican mayores cuidados a sus caballos. Los adelantos en la industria farmacéutica y veterinaria, el mayor grado de conciencia en las personas, todo ha llevado a que ciertos cambios comiencen a percibirse.

Desde hace ya más de quince años se nota un gran aumento en la cantidad de información sobre los caballos que llega al público en general y al dueño en particular. Los cursos sobre caballos -sobre su comportamiento, sus cuidados, su cría, etc.- han aumentado en un cien por ciento en menos de una década. Los programas de televisión, las películas, la información sobre los caballos en internet fueron, incluso, aumentando el interés y las ganas de las personas de conocer más sobre ellos, de estudiarlos y comprenderlos.

## Amor a los caballos, estudio y tenencia responsable

El estudio del caballo es una tarea que requiere tiempo. Imaginen solamente lo que cuesta estudiar un instrumento como el piano o el violín, por ejemplo. Cinco o seis años de estudio son necesarios como mínimo para alcanzar cierta destreza en su interpretación. Un caballo es un ser vivo y por ende la complejidad respecto de su adecuado manejo es mayor y requiere de más responsabilidad, pues su bienestar dependerá de nuestro conocimiento y decisiones.

Hoy por hoy el estudio del caballo y su educación no es una cuestión simple. La gran cantidad de información errónea, el auge de los cursos de amanse y etología de fin de semana y otras actividades similares, solo agregan confusión e incertidumbre.

Por un lado, todo es muy sencillo; por otro, extremadamente complejo. Por un lado, se trata de desaprender; por otro, de estudio y comprensión.

Una gran cantidad de personas que desean entenderse con los caballos, que quieren cuidarlos, amarlos y respetarlos, concurren a distintos tipos de cursos de doma, amanse, comunicación y, en definitiva, son engañados. En principio, porque es casi imposible aprender este tipo de cosas en un fin de semana. En su mayoría este tipo de actividades son más bien demostrativas o informativas, pero, aun si fuera cierto que se pueden aprender estos métodos en un par de jornadas, quienes busquen conocimientos más profundos sobre los caballos se verán decepcionados. No es lo mismo entender al caballo que aprender dos o tres cosas sobre la naturaleza de este animal para poder domarlo o controlarlo sin riesgos. Aquí todo está fuertemente distorsionado por la histórica relación de uso. Aprender un método de control y manipulación de caballos no es aprender a comunicarse o entender la naturaleza del mismo, ¿no creen?

Como para tener un panorama más claro, en principio deberíamos preguntarnos: ¿Me interesa conocer y entender a los caballos o simplemente quiero conocer una manera en apariencia pacífica para poder controlarlos y someterlos? ¿Amo los caballos o amo lo que puedo hacer con ellos? ¿Quiero a los caballos o quiero dominarlos? ¿Deseo comunicarme con mi caballo o deseo que me obedezca?

Si la respuesta de ustedes está más cerca a la última parte de cada una de estas preguntas, entonces la historia es siempre la misma.


## Cambiar la historia

Cuando yo hacía doma india, solíamos decir que queríamos cambiar la historia del caballo.

Como he señalado, han ocurrido ciertos "cambios" en la historia del caballo en los últimos tiempos. Al ser su historia relativa a la relación con los humanos y al trato que nosotros le prodigamos, los cambios en lo que sabemos de los caballos y la mayor concientización a nivel general respecto de los animales domésticos y sus necesidades, están afectando, en gran medida, a la relación hombre-caballo.

Sin desmerecer los esfuerzos bien intencionados de muchos domadores, jinetes, veterinarios, cuidadores y proteccionistas, quiero insistir en la necesidad de seguir profundizando esta tarea. Lo ideal sería que el cambio en la historia del caballo no sea superficial, sino real y profundo.

La historia del caballo es la historia del sometimiento y la sumisión a la voluntad humana. Cambiar la historia del caballo sería entonces… ¿someterlo sin violencia? No lo creo.

Decididamente, si quieren tener una relación sana con sus caballos, no se trata de golpear sin lastimar, ni de encerrar en un brete o tironear de una soga, ni siquiera de presionar o amenazar. ¿Qué es la amenaza sino la promesa del golpe por la desobediencia? No se trata de someter con menos violencia; tampoco de esclavizar con más caricias, más propaganda y palabras bonitas. Si usamos palabras como amor, amistad o respeto, quedan excluidas la doma, dominación, jerarquía, control… y las herramientas como bozales, sogas, corrales, bretes o cualquier otro instrumento de manipulación.

Es cierto que los indios fueron históricamente menos violentos que los blancos. Pueden consultar una amplia bibliografía, incluso literaria, sobre ese tema. Pero la verdadera educación del caballo debe basarse en el respeto, la libertad y el conocimiento del mismo, no en la maestría de un par de métodos de doma no violenta, sean estos de origen indio, blanco, americano o europeo.

Hace ya tiempo que he abandonado la doma india y cualquier otro tipo de método de coacción y opté por una relación basada en la educación, la confianza y el respeto. Es más, todavía conservo la ambición de ayudar a cambiar la historia del caballo. La principal arma en esta cruzada [6] es el conocimiento y el estudio. Por esto decidimos crear una Escuela de Hipología para las personas interesadas en el estudio, la comprensión, la educación y el cuidado de los caballos. Pero no se trata solo de conocimientos, confío plenamente en la sensibilidad de las personas que aman a los caballos y en su capacidad de discernir.

[6] Casualmente se cree que fue un movimiento originado entre estos caballeros cruzados, más precisamente los de la Orden de los guardianes del Templo, llamados Templarios, el que dio origen a la antigua alta Escuela Francesa (Haute Ecole) y con seguridad a la Nevzorov Haute Ecole, a la cual pertenezco.

Cambiar la historia del caballo es quizá un sueño demasiado ambicioso para mantenerlo vivo a estas alturas de mi vida. Claro que no podría hacerlo solo, nunca lo imaginé así, pues sé que cuento con el apoyo de cada uno de ustedes.

# El maltrato a los caballos socialmente aceptado

Quienes amamos a los caballos tenemos una gran responsabilidad, ¿acaso no es verdad? Y cuanta más experiencia tenemos como criadores, domadores o jinetes, esa responsabilidad es mayor.

Pensemos en los que nunca han tenido caballos y se encuentran, por situaciones fortuitas, en una relación con ellos. Está también quien no eligió tenerlo, para quien el animal es una herramienta de subsistencia. No estoy hablando de algún descendiente de quien tenía un hermoso Mateo o del lechero, sino de quien tuvo la suerte de conseguir alguien que tire del carro por él todos los días para poder juntar algo y comer. Muchos se enojan con estas personas cuando ven situaciones de maltrato por descuido o por violencia, aun las personas que nunca han tenido caballos y desconocen sus necesidades y comportamiento. Pero nosotros, jinetes, domadores, cuidadores con conocimientos y experiencia en el trato con caballos, ¿cuánto más vamos a esperar para reconocer que hacemos muchas cosas mal en relación a su cuidado y manejo?

Hace ya más de diez años en algún escrito me preguntaba *¿qué es lo que nos admira de los caballos? ¿Su capacidad de expresar el espíritu de libertad, su elegancia, majestuosidad y equilibrio? Pero, ¿qué hay de la libertad cuando tienen que vivir confinados en un box? ¿Qué hay de la elegancia y el equilibrio cuando nuestra única posibilidad de conducirlos es forcejeando de las riendas y con bocados cada vez más agresivos? ¿Qué pasa con ese ser que es objeto de nuestro afecto y admiración cuando llega a nosotros quebrado física o psicológicamente por la doma o el entrenamiento al que fue sometido? Y "sometido" es una palabra que refleja* *claramente su historia. ¿Era eso lo que buscábamos o es lo que conocemos y nos hicieron creer como única manera de tratarlo?*

*Con esto no quiero decir que los caballos deban solamente andar sueltos por los campos, sino que cada uno debe preguntarse hasta dónde cierto tipo de trato no les quita a estos animales gran parte de lo que admiramos.*

*De todas maneras, muchos de ellos pueden sobreponerse a ese tipo de "educación" y maravillarnos con su prestancia, su nobleza y entrega, pero muchos otros continúan resistiéndose y son desechados por problemáticos o son quebrantados y vejados, de tal manera que se opacan para siempre y se convierten en autómatas, perdidas ya toda su expresión y su personalidad. Por falta de conocimiento malogramos lo que nos interesaba y, con las mejores intenciones de relacionarnos con ellos, los privamos de todo lo que los hace objeto de nuestro afecto o admiración.*

Los caballos son individuos inteligentes, sensibles y extremadamente sociales que merecen ser tratados como tales. Sé que es más fácil pensar que no es así y seguir haciendo uso (o abuso) indiscriminado de ellos, pero con un poco de empatía y reflexión muchas cosas pueden hacerse.

*Having no reason to belive something is not the same thing as have reason to doubt it, V. Herne.* [7]

Quiero entonces aprovechar esta oportunidad para volver a invitarlos a la reflexión.

Si pretendemos pedirle a un niño en un carro lleno de cartones que no le pegue a su caballo cansado sin pensar en su historia personal, seguramente de violencia y marginalidad, ¿qué es lo que debo pedir a un jinete deportivo que le pega a su caballo cansado o asustado durante la práctica de su *hobbie?* Con esto quiero remarcar que hay un maltrato a los caballos socialmente aceptado: de alguna manera condenamos a los pobres y marginados por no tener opciones y no actuar acorde a lo que nos parece correcto para el caballo y aplaudimos a los que sí tienen miles de opciones

[7] No tener razones para creer algo, no es lo mismo que tener razones para dudar de ello.

y recursos para ver lo que están haciendo, pero que de todas formas eligen seguir con esa conducta por deporte, tradición o diversión.

## Tomar conciencia

Como siempre digo, lo que propongo tiene que ver con la manera de relacionarnos. Es por eso que quería hacer algunas observaciones que a la vez ayuden a enriquecer la vida de nuestros caballos.

Comienzo insistiendo, nuevamente, en la calidad del vínculo, el trato y el acercamiento respetuoso. Para que esto ocurra podemos y tenemos que prescindir de algunas cosas: la violencia, la ignorancia y la falta de consideración, las más obvias.

Estoy en contra de la violencia innecesaria, pero eso no significa que estoy a favor de la violencia necesaria. Esto a muchos les parecerá lógico cuando piensan en una jineteada o una monta de broncos, pero son, algunas veces, los mismos que se dejan seducir cuando algún domador, que dice trabajar sin violencia, mete un caballo brioso en un corral redondo, lo pone en una situación de estrés y miedo y lo saca "manso" como una oveja.

Hace un tiempo leí una nota que relataba cómo un Susurrador, Fernando Noailles, en España maneaba un caballo, lo volteaba y se le tiraba encima. Todo esto al periodista le parecía "dulce", no violento. Mientras, otros tantos no ven los caballos en las pistas abriendo las bocas de dolor o babeando, las lenguas colgando o asomando a pesar del cierra boca y le llaman a eso "sana diversión y esparcimiento".

Por violencia me refiero al maltrato físico -desde el palo, el rebenque o fustazo, la tirada de boca, el freno, la descosquillada, las técnicas de *imprinting* y todo tipo de achurías que les hacemos- y al maltrato psicológico -desde el *join up,* el hacinamiento en el box del club o del hipódromo, la falta de compañía, la imposibilidad de muchos caballos de generar lazos afectivos, el continuo sometimiento-.

Sobre la ignorancia y la falta de consideración creo que se tienen que buscar maneras de tratarlo y de enseñarle que no incluyan castigos, métodos de presión-liberación o de manipulación forzada y coacción. Muchos alegarán que "si no es así, el caballo no te respeta". En principio, si el caballo no me respeta, es mi responsabilidad porque algo estoy haciendo "mal", ¿puedo arreglarlo a los golpes?

No le estoy pidiendo a un veterinario que no use una mordaza, un lazo o una manea en el medio del campo. Pero, ¿a un domador para domar? ¿a un jinete profesional para entrenar? ¿a quien tiene su caballo para el disfrute y la compañía?

Por último, quien dice amar a su caballo y lo monta no debería dejar de considerar que un caballo incorrectamente preparado o mal reunido sufre mucho más daño que el que ha sido preparado con conciencia, conocimiento y esmero, eso es seguro. Pero existen serios indicios de que en ambos casos sufran daño, solo que en distinto grado, pues los músculos longissimus dorsi y el trapecio, donde un jinete se sienta, se desarrollaron en los albores del caballo, para facilitar su movimiento. Su estructura no fue creada para soportar peso en forma de presión vertical desde arriba, y esto sigue siendo cierto incluso después de siglos de cría selectiva de caballos para "montar".

Se preguntarán qué vamos a hacer con los caballos si no los montamos. No les propongo llegar tan lejos por ahora, solo que estudien el tema y comprendan con certeza qué hacemos a los caballos cuando los montamos. Cuanto mayor sea nuestro saber y comprensión, menor será el daño que les ocasionemos.

Vuelvo a la reflexión inicial: quienes amamos a los caballos tenemos una gran responsabilidad, ¿no es cierto? Y cuanta más experiencia tenemos como domadores o jinetes, esa responsabilidad es mayor.

En los artículos anteriores en donde he mencionado el concepto de "maltrato socialmente aceptado" intenté exponer el tema de manera escueta. Los artículos que siguen a continuación tratarán, un poco más en detalle de lo mismo, pero a la vez reflejan la contradicción del público general, que se expresa entre el rechazo por las domas, jineteadas o rodeos y la aceptación de otros tipos de abusos ocultos, que se podrían agrupar bajo la acepción de las llamadas "actividades deportivas, recreativas o terapéuticas".

En los artículos llamados "Jineteadas I y II", intenté describir la cruenta situación de violencia sin sentido que trata de envestirse con el honor, la valentía y destreza criolla en el dominio de las crueles habilidades que siempre la caracterizaron. Sin embargo, con la tradicional puja entre civilización y barbarie o entre el hombre y la bestia "salvaje" se exhibe, de manera grotesca, la contradicción en la denuncia escandalizada y en la crítica ignorante o hipócrita de los mismos que promueven otro tipo de abusos velados hacia los caballos.

# Jineteadas I: En honor a nuestras tradiciones

Se han referido a la doma o la jineteada de varias maneras. Las características de la actividad o evento la aproximan a varias definiciones: se le llama destreza criolla, fiesta, show, espectáculo, prueba, competencia y hasta, casi provocativamente, "deporte" [8]. De hecho, es una actividad pautada y reglamentada en ciertos aspectos, pero solo para los humanos. Si bien el caballo participa, e incluso es la pieza clave de la actividad, del show o del espectáculo, no forma parte de la competencia, de la prueba, de la fiesta en sí. Es por eso que no hay reglamentos ni pautas para él. La única pauta que el caballo está obligado a cumplir es no quedarse quieto.

Es cierto que raras veces los caballos son lastimados, o sea, sufren heridas físicas que sean observables a simple vista, pero eso no quita la violencia y los golpes a los que son sometidos.

Cierto también es que el juego en sí dura pocos segundos, comparable al arrebato de un violador impotente y apurado, pero no son segundos de diversión para el caballo, ni para la persona común que no entiende de esa fiesta de violencia. Son solo ocho segundos y los riesgos son altos para hombre y caballo. La diversión y el bienestar del caballo antes, durante y después de ese corto y crítico lapso es más que cuestionable. Luego de

---

[8] Segun Fuente: Wikipedia. La jineteada gaucha y doma gaucha es un deporte ecuestre característico y tradicional de Argentina, Paraguay, Uruguay y sur de Brasil (Río Grande del Sur) que integra la cultura folclórica propia de estos países, los gauchos y la llamada cultura gauchesca. Es también tradicional en la zona sur y austral de Chile. El deporte consiste en que el jinete debe sostenerse por entre 6 y 15 segundos sobre un potro (bagual o pingo).

ese terrible y largo día de estrés, golpes y vejaciones, maltrato, lesiones y riesgo de muerte, durante la preparación, el manejo y el transporte hasta los eventos, el pobre caballo volverá, con suerte, a algún campo por unos días. Cuanto más famoso o requerido el animal, cuantos más festejos y fiestas de la argentinidad, menor será su descanso -por llamar de alguna manera a la posibilidad de seguir su vida de incomprensión humana y laminitis- [9] y su posibilidad de quedar suelto en algún campo, solo, o tal vez con algunos otros caballos.

La doma, como le dicen a la jineteada, "la fiesta de la destreza criolla", es un juego sin honor, pues divertirse pegándole a un ser indefenso y atado de la boca y la lengua no es honor de hombre, ni de mujeres, ni de niños.

Continuando con la estrechez del tiempo, esos antes mencionados ocho segundos son, para un caballo que ha sido obligado y llevado a la rastra, empujones y amenazas, lo que a un esclavo es el castigo y el látigo por diversión de los amos, la coronación de un sin sentido.

Es muy común ver gente que se "asombra" cuando ve a niños que patean un sapo o se divierten unos segundos torturando un animal indefenso. Entonces, ¿qué podemos decir a esos niños que miran el espectáculo de la jineteada?

¿Cómo justificaremos que divertirse asustando o empujando a algún ser inocente, llevarlo a la rastra y atarlo en un palo para luego golpearlo una y otra vez es una "diversión popular" o "un deporte" y no un maltrato abusivo con un animal que no puede, bajo ningún punto de vista, defenderse? La jineteada es una actividad que hace alarde del sufrimiento del caballo y pone en juego también su bienestar.

Por dicha razón, no importa cuántos segundos. Si fuera un amigo, una esposa, un vecino ¿qué le diríamos al juez? ¿Qué no le hace nada y que solo la golpea ocho segundos porque el resto del tiempo la trata como a una reina? La violencia es VIOLENCIA aunque sean dos segundos o toda

---

[9] Aflicción producida, por lo general, por la alimentación de los caballos con pasturas verdes muy ricas en "azúcares".

una vida. Por eso, se puede afirmar que la jineteada es un "juego" violento que somete a un animal indefenso y atado, literalmente, de pies y manos, a vejaciones, maltratos y abusos indiscriminados y sin ningún tipo de trabas ni controles.

Se puede argumentar con cierta inconsistencia que el que jinetea corre riesgos. Ahora bien, ¿quién los obliga a correrlos? Y ¿qué culpa tiene el animal de esos "riesgos" que corre su "verdugo" para que este lo obligue a lastimarse con él y para rematar, lo veje, lo oprima y lo mortifique?

¿Es este un buen espectáculo o algo digno de ver? Porque en realidad, en eso consiste esta llamada "destreza". Se trata, fundamentalmente, de golpear y pinchar al pobre caballo para que intente defenderse. Esta es toda la diversión y el talento.

El lapso debe ser breve para que el caballo tenga poco tiempo para defenderse (si es que pudiera devolver algún golpe así como se encuentra), con el jinete a horcajadas y la boca atada. Hipoteticemos un enfrentamiento donde existiese una lucha equivalente entre el hombre y el caballo. No es para nada difícil comprender que, las cosas y las condiciones para ambos, serían completamente diferentes. Sin embargo, esto es solo una conjetura ya que previamente el caballo ya ha sido empujado o arrastrado hasta ser inmovilizado en un poste. Luego, se lo ata, se le vendan los ojos, se lo empuja con otro caballo y tironea y a veces se lo manea y golpea. Luego viene el valiente jineteador que, una vez seguro de que el caballo ya no puede moverse, lo monta -a veces con la ayuda de otros- y, cuando está listo para golpearlo, da la orden de que lo liberen. Son tres segundos, el lapso en el cual el caballo se da cuenta de que está "libre" de actuar, con el jinete ya encima de su lomo. En realidad la destreza es como la del cobarde que pide que le sujeten al contrincante para poder golpearlo.

¿Qué es la jineteada entonces? La jineteada es solamente un juego, un juego ultrajante, violento, perverso, pero es eso: solo un juego entre hombres, una competencia para ver quién es más hábil que el otro.

Ni siquiera se trata de demostrar que se es más hábil que el caballo.

El caballo no juega, no compite. Por lo general una vez que entienden, los caballos más hábiles son los que poco a poco van dejando de corcovear y resistirse y, entonces, terminan siendo excluidos del evento.

En la antigüedad tal vez haya habido algo de sentido en las hazañas de una "argentinidad de a caballo". Hoy solo nos han dejado este simulacro de gallardía, donde el hombre de campo se entretiene molestando a un pobre animal atado. La proeza llena de sponsores y premios al mejor jinete de esta hazaña express es, al parecer, fugaz remplazo de antiguos valores, pues, ocho segundos después la valentía del hombre ha sido demostrada y la argentinidad del paisano [10] y su audiencia se siente satisfecha.

[10] Cabe señalar que lo que aquí se discute desde la postura de rescate de esta tradición, no es el gusto personal en sí de maltratar a los caballos, sino un elemento clave que identifica al hombre de campo argentino que se siente Gaucho. La jineteada es un símbolo de identidad de la gente de campo y por esto generará una defensa apasionada en sus cultores y no tanto en la persona de ciudad.

# Jineteadas II: El debate

Se alzan en estos días, claras y altas, las voces contra las jineteadas, nuestra vergüenza nacional. Las escucho desde los representantes de los ámbitos e intereses más disímiles.

Recuerdo haber leído el año pasado comentarios de veterinarios y domadores. Reescribo aquí algunas reflexiones escritas en aquella ocasión, dirigidas a las personas que no pertenecen al ambiente ecuestre:

## Primeras aclaraciones

Todos los divertimentos y usos más comunes del caballo son dañinos para su cuerpo y su psiquis, pero en ellos se tiende a hacer la vista gorda. Incluso se usan palabras como "educación", "entrenamiento", o "deporte".

Se sabe del daño producido por los frenos, la mala preparación de los caballos, los golpes y el sometimiento continuo que implican la falta de libertad y el alto grado de condicionamiento de los métodos de doma o amanse, ya sea durante 15 segundos una vez por mes, o todos los días una hora y media, para la jineteada o para los juegos olímpicos, respectivamente. Para montar a caballo debo imponer mi voluntad sobre la suya, mi cuerpo sobre el suyo y mi mente sobre su mente. ¡¿Cómo creen que se llega a lograr semejante imposición?! ¿Alguien realmente piensa que eso es agradable para el caballo? [11]

[11] Este tema lo desarrollo en los capítulos "De lo ecuestre y de la equitación" y "La salud psicofísica del caballo" en el libro *El silencio de los caballos.*

Los defensores de las jineteadas suelen argumentar que duran poco tiempo y que son una actividad tradicional.

Una persona, al parecer un entendido en el tema de apellido Godoy, en defensa de las jineteadas criticadas por algunos activistas en favor de los animales escribió: *"...para los que no saben, un "reservado"* [12] *se agarra cuatro veces al mes y se lo monta 14 segundos por domingo: son 56 segundos por mes, no alcanza a un minuto..."*

Ya he hablado sobre el tiempo de jineteada en el artículo anterior. Sobre la tradición no voy hablar, solo basta decir que tradicional también es la ablación [13], todavía, en algunos países.

Pero veamos un poco más de cerca. Observen estas fotos de caballos "usados" para distintos fines, "deportivos".

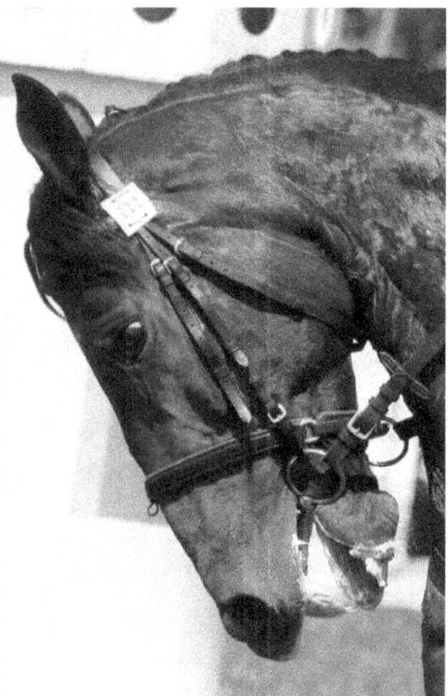

[12] Así se le suele llamar al caballo que participa de estos eventos.
[13] Extirpar el clítoris a las mujeres, es una práctica tradicional en algunas sociedades.

*El rico le dice al pobre: ¡"calavera", "chupador"! Y el rico chupa en su mesa y el pobre en el mostrador* - Copla popular

¿Acaso es menos terrible la esclavitud que la tortura, el circo que el zoológico, el abuso que la violación?

¿Es menos o más dañino un minuto de picana y una paliza que ser golpeado, sometido y extenuado durante un par de *chukkers* (14 minutos)? ¿Vamos a reconocer el abuso solo en la jineteada y en el carro del cartonero?

Es claro que aquí el abuso es evidente y grotesco, pero ¿qué nos impide ver todo el panorama que viven los caballos?

Esta imagen molesta porque a través del grotesco hace visible lo que no es tan obvio y claro para algunos, lo contradictorio del control forzado, la violencia y el daño (físico o psicológico) sobre nuestro amigo, el caballo. La jineteada dura solo unos segundos, es solo un condensado, el fiel resumen de lo que queda velado por el esplendor y el brillo del show en el deporte. Es encontrarse de cara con la parte no aceptada de la realidad de toda la relación hombre-caballo: nuestra diversión a costa de su sufrimiento. Un fugaz reflejo de esos que, cuando hay algo tan negado, nos toman desprevenidos y nos aterrorizan en el espejo.

A continuación trato un tema más delicado en relación a lo socialmente
aceptado del maltrato a los caballos y otros "animales terapéuticos", pues
involucran las necesidades, la vulnerabilidad y la compasión humana hacia otros
de nuestra propia especie. De todas maneras, esto no debería justificar ningún tipo
de abusos o diletantismo respecto de los caballos, sus cuidados y necesidades. Es
un hecho que las llamadas "terapias ecuestres" no escapan, en su concepción y su
consideración hacia los caballos, a la filosofía utilitarista que atraviesa toda actividad
ecuestre pasada o actual.

He escrito dos artículos al respecto; el primero a continuación, y el otro hemos
decidido ubicarlo al final del libro. Dicho esto, comencemos explicando lo más
evidente.

# Hipoterapias. Yo estoy bien, ¿tú estás bien?

Desde hace un tiempo, hay un fenómeno que veo crecer en Argentina y en el mundo: las terapias asistidas por caballos. En principio quiero compartir algunas ideas y dudas al respecto de esto con la intención de completar el panorama de lo que este tipo de actividades implican, sobre todo desde el lado de los caballos.

Es un tema muy interesante y delicado. Prefiero abordarlo con una mirada abierta y compasiva, pero a la vez bajo el lema *omnibus dubitandum*, diría E. Fromm refiriéndose, más bien, a una manera de ver: *"Dudar radicalmente es un acto de investigación y descubrimiento; es como darnos cuenta de que el Emperador está desnudo y su espléndido atuendo no es más que el producto de nuestra fantasía".*

Fantasía y realidad. ¿Es la terapia ecuestre realmente buena? ¿Por qué? ¿Para quién?

Se dice que la terapia ecuestre y, en general, las terapias con animales son beneficiosas para las personas, sobre todo los niños. Sobre este tema hay dos corrientes: los que están a favor, y alegan lo beneficioso que es el movimiento del caballo transmitido al cuerpo de los niños con discapacidades motrices, por ejemplo; y los que no están a favor, pero tampoco en contra, y dicen que eso no es cierto o no está probado, ni es lo más importante y beneficioso. Sobre esta gimnasia "tridimensional" en los cuerpos de los niños y sus posibles beneficios, no tengo demasiado que agregar ya que en eso están los expertos [14], pero cabe esta reflexión:

[14] Hay quienes dicen que el movimiento del caballo transmitido al cuerpo del jinete es una gimnasia positiva, pero hay quienes cuestionan que esto sea cierto, como lo probarían muchas dolencias de los jinetes profesionales producidas por su actividad.

Hasta el día de hoy he sentido que trabajar con personas con problemas motrices a causa de discapacidades congénitas, accidentes o vejez, es una tarea ardua y noble. Las personas realmente capacitadas para estas tareas son, en su mayoría, seres muy particulares llenos de energía, alegría, comprensión, paciencia y otra cantidad de virtudes que no solo los señalan como "especiales", sino que son esas características las que los han llevado a elegir esa vocación o empleo.

Casi todos hemos tenido la experiencia de estar tristes o desanimados a causa de esos estados que circundan las enfermedades, los accidentes o la muerte inminente, propios o de un ser querido. Nos ha tocado estar sentados junto a la cama de un hospital (o en ella) y que, de pronto, entre por la puerta una enfermera, un fisioterapeuta, un pariente, etc. con una gran sonrisa y efusivas ganas y comenzamos a sentir que todo cambia. El cuarto se ilumina, la sonrisa aparece en nuestros rostros y en el del enfermo, las ventanas se abren, una bocanada de aire fresco entra… Son personas muy especiales que han elegido sostener y enfrentar los estados de sus semejantes con optimismo, valentía, compromiso. Un despliegue de energía y carisma, de voluntad y buena fe. Yo no podría. O por lo menos, no podría hacerlo como tarea o trabajo. He sido maestro de niños, pero es muy distinto que acompañar, por ejemplo, a un moribundo o un minusválido por vocación. Se necesita todo eso que dije, además de conocimientos profesionales, para hacerlo bien.

No todos podemos hacerlo ni quisiéramos, a menos que la vida nos pusiera frente a esa situación. No todos la superaríamos sin un alto costo psico-emocional o hasta físico. Entonces, ¿por qué pensamos que los caballos (u otros animales) sí?

Si hubiera caballos deseosos de ayudar a gente enferma o inválida, ¿cuáles tendrían que ser sus capacidades, su personalidad, su resistencia a ese tipo de situaciones tan difíciles para nosotros? Sería egoista pensar que basta con que el caballo tenga espalda y calor corporal.

Esta idea mía no es nueva, me acompaña desde el tiempo en que yo ignoraba que ningún caballo nació para ser montado y que su espalda no fue diseñada para mi trasero. El tiempo en que, aun siendo gran amante de la ecología, la naturaleza y los animales, no me preguntaba si los caballos habían aparecido en la faz de la tierra para obedecerme y servirme.

Hoy sé que el beneficio, el bienestar y la felicidad que los caballos obtienen de las terapias de ese tipo son pocos, casi nulos o, en la mayoría de los casos, linda con el abuso.

Me preocupan los niños, pero también los caballos. [15]

De ser cierto que los caballos sanan, ¿tenemos que obligarlos a que lo hagan? Si bien muchos médicos recomiendan tomar una copa de vino por día como cosa saludable, eso no me da derecho a robarme una botella. La gimnasia sexual o el sexo tántrico pueden ser muy buenos para mi organismo, o una saludable complementación de mi terapia, pero, ¿tengo derecho a practicarla con alguien que no quiere o que está siendo forzado a ejercer esta actividad?

Lleva mucho tiempo y esfuerzo conocer a un caballo y saber qué es lo que él quiere y necesita realmente, sobre todo si nunca se le ha dado a elegir; y al igual que a una persona, aunque de un día para otro le permitamos expresarse, tal vez a él mismo le lleve un tiempo saberlo.

Se piensa que en la hipoterapia el caballo "colabora" y está "feliz". Me consta que no es así: una alumna mía (también yo mismo, años atrás) fue contratada por un centro de terapia ecuestre o equinoterapia, para ayudar con los conocimientos de doma, a "disciplinar" a los caballos que "dan problemas" y no quieren "colaborar". En repetidas ocasiones me contó haber observado al director del centro propinarle rodillazos en las costillas a un caballo que expresaba claramente su desacuerdo con mordiscos de amenaza. ¿Qué elección tiene este caballo bajo este régimen? Deberíamos considerar, sin embargo, todo un logro de parte del caballo el poder expresar

---

[15] Tal vez por una cuestión de "lobby" de especie, si tuviera que elegir entre la vaca (o cualquier otro animal) y un niño muerto de hambre, abogo por la supervivencia del niño. Pero entre 600 y 700 animales mueren por segundo a diario en los mataderos de países como el nuestro o Estados Unidos y nunca ni un gramo de toda esa carne va a parar a la boca de esos niños que, en todo caso, si nos interesara este problema realmente, podrían ser nutridos con otros alimentos.

su desacuerdo a pesar de la continua enseñanza de supresión de sí mismos que estos caballos viven a diario al ser usados casi mecánicamente.

La Naturaleza es muy buena para las personas, pero ¿somos las personas igual de buenos con ella?

Claro que el contacto con la naturaleza o con los animales es beneficioso y provechoso para los seres humanos. Ir al campo, ver los árboles, las flores, escuchar el viento…, pero si llegamos y llenamos el lugar de basuras y quemamos árboles para nuestros fogones, ¿qué es lo que estamos priorizando?

Un niño que se emociona con un cachorro es una imagen hermosa, pero si juega con él hasta comenzar a molestarlo y el cachorro se quiere ir, ¿qué le diríamos? Si vemos que el niño está torturando al animal, es un indicador de que algo no se está llevando adelante correctamente por más que ese niño este haciéndolo con inocencia. ¿Le diríamos que se detuviera o priorizaríamos el (supuesto) "aprendizaje" y la "diversión"? Entonces, quisiera formular la siguiente pregunta: ¿no nos estaremos priorizando de manera egoísta e irrespetuosa?

Buscando la respuesta a esta pregunta, en principio, creo vislumbrar también aquí, en este tipo de terapias "mágicas", que como sociedad no tenemos lugar para nuestros ancianos, nuestros enfermos o moribundos. La vejez, la enfermedad, el deterioro, el aislamiento y hasta la locura o la delincuencia, si se quiere, forman parte de lo que no nos gusta o nos cuesta aceptar. Nos cuesta mucho socialmente poner el cuerpo a todo esto. Tal vez no deberíamos dejar que los animales ocupen esos espacios; que sean ellos los que pongan su cuerpo.

Poner en ellos esa responsabilidad es más fácil y cómodo pero, ¿es que no confiamos en nosotros mismos? ¿No deberíamos confiar en la humanidad y generar una sociedad más madura?

¿Cuántas personas recurrimos a los animales? ¿Cuántos descargan, sustituyen, encuentran, se alivian, se refugian en sus mascotas? Y muchas veces eso significa: pájaros enjaulados, perros en espacios insalubres, mutilaciones, desidia, abuso. Pero en todo caso esos son ejemplos comparables con las relaciones entre dos seres humanos que comparten sus vidas y se acompañan mutuamente. En cambio, las hipoterapias estarían más cerca del uso del cuerpo de otro ser, su alquiler.

No dejemos que las vestiduras del Emperador nos conmuevan con su aparente belleza, o el cine nos diga algo que deberíamos escuchar de los caballos. Si las películas sobre caballos fueran escritas por los caballos, muy distinta sería la historia contada, ¿no les parece?

# La equitación

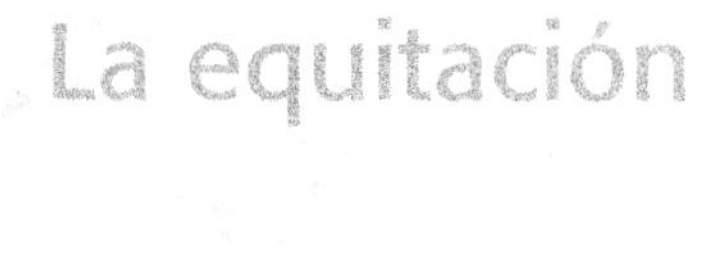

La equitación

Dentro de las actividades ecuestres, una de las más comunes es el llamado "deporte ecuestre". En estos artículos abordo el tema, pero no frontalmente, pues siento que por toda explicación basta decir que respecto del caballo, su participación siempre es forzada. Estas actividades serán muy deportivas para los humanos pero el caballo es un mero instrumento en ellas; una herramienta, como mucho. No es exagerado decir que, como otras actividades humanas con animales, esta actividad, por sus características y su devenir, lo dañan y terminan causándole, cuando no la muerte, enfermedad y sufrimientos en la mayoría de los casos. No me crean a mí, vayan a ver los registros de muerte anuales de los Derbies o abran un libro de patologías deportivas.

El lugar que el caballo ocupa como objeto de culto, en apariencia es algo diferente al del toro en las corridas, pero no al lugar de los galgos, aunque si el "arte" de la tauromaquia fuera con picanas eléctricas en lugar de con picas y espadas, sería homólogo. Decir que el salto de obstáculos, las carreras, el rodeo o jineteadas, el Polo, el *dressage,* la caza del zorro y otras actividades realizadas con el caballo, son deportes practicados por este animal es muy forzado y engañoso cuando vemos la realidad. Las actividades llamadas deportivas en donde los animales participan voluntariamente, al parecer son pocas, el resto son eufemismos, como decir que el ciervo o el pichón son atletas que participan de la caza deportiva. Sobre la cualidad deportiva de la equitación o las carreras de caballos baste esta frase: *"El deporte ecuestre, por su naturaleza, no puede ser definido, siquiera, como deporte. Cualquier deporte incluye récords y victorias, sí, pero esos récords y victorias son conseguidos por uno mismo, con sangre y sudor propios, por nuestro esfuerzo y dolor. El Deporte Ecuestre, si estudiamos el tema, representa parasitar las* habilidades físicas de otro ser viviente que no quiere participar en ese deporte sino a fuerza de dolor y golpes. Entonces, ¿por qué diablos le llamamos a eso deporte?

Entre todos los deportistas no hay más que un dos por ciento de sádicos verdaderos, y el resto solamente no se da cuenta de lo que está haciendo." Alexander Nevzorov, en *The Horse Crucified and Risen*.

# Sobre la educación de los caballos y los (sus) domadores

Estoy de acuerdo con muchas personas en que hay que educar, de eso se trata, y no creo que mis artículos estén haciendo lo contrario al llamar a las personas a la reflexión.

La educación comienza con preguntarnos y con interesarnos en encontrar respuestas a esas preguntas. La curiosidad y el interés en saber son esenciales. Pero no podemos obligar a los demás a preguntarse, interesarse o querer saber. Si no, estaríamos haciendo lo que muchos hacen con los caballos al llamar educación a eso que se hace, en realidad, para forzarlos a aprender. Decía Michel Foucault, en su libro *Vigilar y Castigar*: *"Quizá hoy nos dan vergüenza nuestras prisiones. El siglo XIX se sentía orgulloso de las fortalezas que construía en los límites y a veces en el corazón de las ciudades. Le encantaba esta nueva benignidad que reemplazaba los patíbulos. Se maravillaba de no castigar ya los cuerpos y de saber corregir en adelante las almas. Aquellos muros, aquellos cerrojos, aquellas celdas figuraban una verdadera empresa de ortopedia social."*

Durante todas las épocas, ha habido situaciones similares: el encierro forzado de las mujeres en conventos, las *workhouses* del siglo XVII que convertían a los mendigos en "trabajadores útiles", la separación y reclusión de los niños nativos australianos lejos de sus padres para enseñarles el servicio en las casas de los blancos y "educarlos", entre otras, son todos ejemplos de un proceso forzado de enseñanza que hoy no llamaríamos "educación". Cuando confino a un animal, ser, sujeto, para "enseñarle" algo, cuando limito su libertad con cercos o con sogas atadas a su cuerpo, es claro que hago esto porque deseo que no ejerza su libertad de movimiento o decisión. Un proceso de enseñanza de ese estilo no puede ser llamado "educativo" sin convertirse en un eufemismo. Al imponer límites físicos o temporales, lo estoy sometiendo a mi enseñanza, mi instrucción.

Si le niego toda opción de movimiento, salvo la que yo deseo, no estoy inspirando ni despertando su curiosidad o educando su interés; estoy forzándolo, obligándolo o, en todo caso, manipulándolo para hacerlo actuar como le ordeno.

Entiendo que a veces mis artículos son un poco chocantes o desafiantes para algunas personas. Esta es una manera de generar un cierto interés, un desafío, un recurso para captar la atención. Este desafío es más bien una invitación a romper con ciertas estructuras de pensamiento, es un desafío que está dirigido, no a la gente, sino a los axiomas que ellos, consciente o inconscientemente, aceptan y defienden. Ciertas frases como "el caballo siempre tiene razón", "el caballo no nació para ser montado", "el caballo no nos debe nada, ni está obligado a obedecer", "el caballo no nació para llevar herraduras" y otras, cuestionan varias máximas dentro del mundo ecuestre.

En educación, uno puede usar el desafío para atraer el interés y la curiosidad de algunos caballos, pero estos son estadios muy tempranos, donde el discípulo no es discípulo y el maestro aún no es reconocido como maestro, pues hasta ese momento solo hay dos pares, dos iguales sin ningún rol establecido. Es muy importante aclarar en este punto que tampoco podríamos llamar a esto educación si no tenemos internalizados y naturalizados los conceptos que cité más arriba ("el caballo no nos debe nada", por ejemplo). Todo lo que hiciéramos en este sentido, sin esas ideas arraigadas en nuestros corazones, sería un sucedáneo, una pantomima que estaría velando el abuso y la prepotencia de nuestras acciones.

*"Lo que las personas hacen con los caballos la mayor parte del tiempo no está relacionado con el sentimiento y la pasión que los condujo originalmente a esta hermosa criatura. El nombre de este agradable y muy sincero*

*sentimiento es el Amor por los caballos. Pero desde el momento en que estas personas se acercan a un caballo, inmediatamente algunos "especialistas" aparecen y comienzan a explicar que el caballo debe ser empujado, golpeado y que se necesita atarlos y controlarlos con riendas que están conectadas a un instrumento metálico en la boca del animal. Un sistema que se basa en estas ideas excluye cualquier tipo de amor, sobre todo el amor por los caballos. Si nos fijamos en la forma en que los deportistas, los dobles de riesgo y los representantes de la escuela clásica tratan a sus caballos no parecería que actuaran por amor, sino por odio hacia el caballo"* sostiene Alexander Nevzorov.

Dejando a un lado a los jinetes y amazonas comunes en busca de pistas para poder entender a ese ser tan cercano pero distante -el caballo-, existen muchos domadores, susurradores y especialistas en domas alternativas muy buenos en lo que hacen. La pregunta es: ¿qué es lo que hacen? ¿Han dejado completamente fuera de sus enseñanzas el control, el miedo, el forcejeo, la imposición, el encierro o las sogas? En todos los casos, en todos estos métodos, en alguna ocasión llega el momento en que el instructor se ve "obligado" a recurrir a la violencia, al forcejeo o la coacción "necesaria". Es el momento en que todo hace agua y la persona se deshace en justificaciones y explicaciones sobre las "necesidades", la "situación actual", la "naturaleza", la "etología" y la "psiquis" equina, o cualquier otra razón que amerita "solo por esta vez", "en estos casos", "porque es mejor así que de manera más violenta", "porque no hay otra forma", porque "los caballos también lo hacen" y más excusas.

Esta contradicción, la particular de esos casos y la general, basada en los axiomas indiscutidos y comentados en la página anterior, generan, por confusión o ignorancia, relaciones en gran medida patológicas entre las personas y los caballos.

# Violencia explícita

*Muchos quieren dominarlo*
*con el rigor y el azote,*
*y si ven al Chafalote*
*que tiene trazas de malo*
*lo embraman en algún palo*
*hasta que se descogote.*
*Martín Fierro,* José Hernández

En su franca búsqueda por doblegar y someter al "noble bruto" a través de la fuerza y el azote, las domas violentas generan resistencia, miedo y desconfianza en los caballos. El caballo siente al hombre como su opresor y se mantiene siempre a la defensiva.

Si bien la situación no es buena para el caballo, al menos es clara. Pero ¿qué pasa con la salud psicofísica de un sujeto cuando alguien se comporta de manera afectuosa y luego le hace daño, y luego vuelve a ser afectuoso y después, otra vez abusivo, y así sucesivamente? Más allá de que a las claras esto tampoco es amistoso, ni respetuoso, ni sano, uno termina preguntándose qué es realmente mejor, si una guerra declarada o el león con la piel del cordero.

*El masoquista le dice al sádico: "pégame, quiero sentir dolor", a lo que el sádico le contesta: "no, de ninguna manera".* Frase popular. La complejidad de las relaciones humanas es grande, y esto se extiende a nuestra relación con otros individuos no humanos. Queremos a los caballos o los admiramos y muchos dicen respetarlos mientras los abusan, comercian con ellos como objetos y los esclavizan para su placer.

Cada día vemos con más claridad el costo que hacemos pagar a nuestro caballo por haberlo comprado, por alimentarlo o curarlo cuando la ocasión lo requiere.

El malestar producido por el cautiverio en espacios pequeños y, solo por esto, insalubres para un animal de semejante porte, ya no sigue pasando desapercibido como antaño. El daño evidente de las herraduras, el dolor de los frenos o las fustas, el abuso de trabajo o ejercicio forzado, entre otros, van tomando relevancia a medida que la conciencia de la gente y la ciencia o la veterinaria no silenciada por los intereses monetarios suman sus voces en pos del interés verdadero por el caballo como sujeto y como especie.

Claro que toda esta realidad es compleja y cada cual encontrará las justificaciones relacionadas a su caso antes de ponerse a buscar cuánto de lo que planteo es aplicable a su relación con los caballos. El ser humano tiende a creer más fácilmente una mentira agradable que una verdad desagradable. También es obvio que quien desconoce qué cosas dañan a los caballos en su psiquis o en su anatomía poco va a poder entender sobre la realidad de la histórica relación hombre-caballo. Si a eso le sumamos la idea de que, por haberlo criado en nuestro lugar o alimentarlo, es deber del caballo servirnos u obedecernos, muy lejos vamos a conocer las bases que una verdadera educación y una relación respetuosa necesitan.

## Conclusiones

Para educar al caballo se necesita libertad, no sogas (lazos, riendas, bozales) ni corrales (piquetes, mangas, barreras). Se necesita respeto (de su voluntad, de su anatomía y fisiología), no excusas que justifican el porqué debemos obligarlo a que nos haga caso. Si nos negamos a ver estos simples hechos o los justificamos, solo agregamos confusión e ignorancia a nuestro actuar. Sé que esto puede resultar muy difícil para algunas personas que tienen ya un largo camino recorrido junto a los caballos, pero creo que es eso mismo lo que los ayudará a comprender si se miran a sí mismos con autocrítica y sinceridad. La decisión está en cada uno, por supuesto, pues la educación solo podría aplicarse en libertad.

# Ahórrate los consejos

*Corrige al sabio y lo harás más sabio,*
*corrige al necio y lo harás tu enemigo.*
Proverbios, 9,8.

Queridos amigos, estoy de acuerdo en que todos, por lo general, quienes me leen, hemos pasado por un proceso de abandono, en cierta medida, de lo histórico y lo tradicional en la equitación. Algunos, incluso, están recorriendo un camino de búsqueda de otras maneras menos violentas y dañinas para con nuestros caballos, como alternativa. Ojalá hubiera sido de otra manera (por lo menos para mí) y hubiésemos tenido la suerte, desde niños, de contar con adultos que nos guíen hacia el respeto por los animales y no el sometimiento. El proceso ha sido largo para algunos de nosotros. De hecho, el mío fue tan largo como para ocupar algo más de cien páginas en mi primer libro.

Todo proceso es muy respetable, como dice el refrán, "Roma no se erigió en un día". También sé que para quienes nos llamamos a nosotros mismos "amantes de los caballos", el contemplar ciertas situaciones dolorosas o dañinas para estos es muchas veces realmente difícil y sentimos gran necesidad de intervenir o de hacer algo al respecto del bienestar de estos caballos.

Incluso acepto que hay razón en decir y diferenciar que existen distintos grados y medidas, culpas y responsabilidades y otras cosas de índole básicamente humana, moral, ética. Lamentablemente, debo decirles que al caballo todas estas cosas no le importan, pues cuando le hacemos daño repetidamente, solo siente dolor (sin importar cuáles sean nuestras intenciones). Desafortunadamente para todos nosotros, los animales son, por decirlo de alguna manera, extremadamente obedientes a su fisiología y miología más allá de nuestras convenciones morales o de intención. Podemos hablar y escribir todo un compendio sobre cuánto mejor es mover suavemente los dedos que toman las riendas y la "gran diferencia" entre este Arte y un impacto del metal contra los dientes producido por los tironeos de un amateur o un "bárbaro"; podemos decir que quien está consciente de eso y guarda cuidado durante su monta, es mejor o más responsable que quien no lo hace. Pero, me atrevo a decir que para el caballo todo eso no es importante, y para mí, en este momento y después de haber intentado dialogar incansablemente con todo tipo de personas, no puedo sentir que sea una diferencia relevante.

Lo que quiero decirles es que no existe un punto medio, por lo menos allí, donde algunos lo están planteando: en la "suavidad de las manos" o en montar sin sillas para atenuar el daño. Trato de decirlo de manera que pueda ser "digerido" y no resulte muy ofensivo para nadie. Pero más allá de las susceptibilidades particulares de cada persona, los hechos son los hechos, o sea, parte de una realidad que excede nuestras buenas o malas intenciones, nuestros títulos o grados honoríficos. Alexander Nevzorov lo dice de manera más directa y, quizás, dura pero ciertamente acertada cuando explica:

*El "bocado suave" no existe en la naturaleza. Excepto quizás uno de mercurio, del que no se puede hacer un filete o bocado de todos modos. El hierro es hierro. Se cree que mientras más gruesa la embocadura del bocado, más suave es este. Esto no tiene sentido. En realidad, con gruesas, regordetas embocaduras, la acción dolorosa en los labios es más débil, pero es más fuerte en la lengua, es decir, en los nervios linguales y sublinguales, ya que con el mayor espesor viene mayor volumen, por lo que el hierro ocupa más espacio en la boca y la presión dolorosa se expande en una mayor área de la lengua y el paladar. Por supuesto, se entiende que todas* las heridas profundas y lesiones de la boca descritas por los veterinarios antiguos y modernos no se producen a cada segundo con cada caballo. Es cierto que son posibles en cualquier momento y de un grado u otro son inevitables para todos los caballos que tienen acción dental o trigémina por piezas de hierro metidas en la boca.

Uno simplemente tiene que entender que el desarrollo lógico de la exposición dolorosa, que el caballo experimenta a cada segundo, resulta en heridas y lesiones graves. El tan llamado "toque suave" o "manos suaves" no son más que el conocimiento de la forma de infligir un fuerte dolor paralizante en la boca del caballo, sin infligir articularmente heridas profundas o infligiéndolas sólo en raras ocasiones. No más que eso. Sin embargo, eso no impide que los "amantes del caballo" -incluso los aficionados más rancios de la periferia del mundo ecuestre- sigan engañándose a sí mismos y a los demás con tonterías sobre "bocados suaves" y debates sobre el "toque o manos suaves".

Es imposible atribuir la ignorancia de la trágica función del hierro equino a algún tipo de desactualización, simplemente hay demasiada información académica, verificada y respaldada por todos los veterinarios del mundo; y es inquietante saber que el 99% de los "caballistas", incluso si accidentalmente se enteraran de esto, seguiría fingiendo que no lo sabe. Ellos son plenamente conscientes de que solo saben lidiar con el caballo causándole un gran y constante dolor. No están familiarizados con otros métodos.

El reconocimiento de una cosa tan obvia, el papel incondicionalmente traumático y tortuoso del filete, el freno y los bocados de Pelham, instantáneamente los transfiere desde el noble papel de "amantes de los caballos" a las filas de los sádicos o de los idiotas. Son sádicos si saben y entienden todo lo relacionado con la función del hierro pero continúan sus diversiones; son unos idiotas si no saben algo tan obvio, de semejante importancia y prioridad y menos aún entienden como una cuestión de hechos lo que hacen. El "público ecuestre" no está listo para uno u otro rol. Un amplio conocimiento de la función del hierro por aquellos que están *acostumbrados a usar algún tipo de voz aniñada cuando hablan sobre el "amor hacia el caballo", los coloca en una posición muy incómoda y algo ensombrece la satisfacción de la diversión que han llegado a amar. Lo más cómodo y más sencillo en esta situación es hacer creer que todo está bien y que no hay ningún problema fundamental con el hierro. Además, hay una gran influencia del "estamento del pensionado equino": todas esas personas que frecuentan establos públicos e hípicos (entrenadores, dueños de caballos, mozos de cuadra) son personas que están unidas por una escasez de talento ecuestre y su absoluta incapacidad para escuchar al caballo o establecer una relación con él. Las personas que hipnotizan a los demás con fantasías de que no hay otra manera excepto a través del dolor, o que el caballo, por ejemplo, "adora saltar". Es como se lo ha descrito con encanto en los antiguos libros de cocina: "A la carpa crucian le encanta ser asada en crema agria". Y, de nuevo, ¿por qué no decir la verdad? ¿Por qué no se dice que saltar sobre los palos pintados es imposible sin la compulsión dolorosa y que el salto de obstáculos en sí es una forma de tortura al caballo? ¿O estas mismas personas se engañan a sí mismas y unos a otros con la historia reconfortante de que sólo usan un "bocado suave"?* Alexander Nevzorov

Es tan profundo el cambio que debe producirse en algunos de nosotros para poder comprender todo esto, que no puedo referirme a él sino como un proceso. Hay, por ejemplo, cosas, gestos y hechos, no solo físicos, incluso desde el punto de vista psicológico, a los que durante mucho tiempo permanecemos ciegos, incapaces de imaginar qué siente un caballo cuando nos aproximamos a él.

Un simple bozal de cinta plana significa para cualquier caballo domado, el fin de su posibilidad de elegir. Nuestra cercanía en un corral, sin libertad, significa la pérdida de su posibilidad de preservar su espacio personal alejándose un par de metros. Una "corrección" de nuestra parte conlleva la omisión de sus razones y, repetidamente, lo conducen a un estado de indefensión aprendida que raramente notamos.

Es por esto que solemos decir en la Escuela que *"el Caballo siempre tiene razón"*.

Ahora, mientras ensayamos un nuevo método natural, una montura sin armazón, una cabezada sin freno (tan dañinas para su anatomía como inútil para la verdadera reunión y la biomecánica natural), nuestro caballo es simplemente... ¿nuestro juguete?

Mi consejo, si a alguien le interesa, es que mientras viven ese proceso del que hablaba al inicio, estudien cómo evitar hacer daño. *Primium non nocere.*

Si esto significara mantenerse alejados de un caballo o no montarlo, les aseguro que esa sí, positivamente, es una diferencia de índole práctica, mucho más importante que las de índole moral o ética, que sus caballos van a apreciar.

# La verdad última del binomio



## La verdad y los caballos

Deberíamos reconocer que los caballos no nacieron para ser montados. Podemos empezar por aceptar ese simple hecho. Hacer eso nunca puede ser perjudicial para las personas, ya que no implica nada más que ver la realidad tal como es. A partir de allí hay una gama de posibilidades respecto a la actitud y el accionar que cada uno puede tomar, y eso depende, en definitiva, de cada persona. Pero, llegar a esa comprensión ya significaría un gran paso para la relación entre hombre y caballo.

Si buscásemos tratar de entender y aceptar, entonces comprenderíamos y lo obvio no nos resultaría tan extraño.

La ilusión social generalizada sobre los caballos nos permite transitar sin responsabilidad y sin culpa por el mundo de las actividades ecuestres. Esta ilusión es reforzada por la ignorancia, los intereses egoístas, comerciales, los miedos o, simplemente, la falta de compromiso o responsabilidad.

## Solo endúlzame los oídos

Naturalmente todos nos alejamos de lo que es desagradable y tendemos a acercarnos a lo que es placentero para nosotros mismos. En referencia al caballo, como el resto de los animales, él es fiel a esa ley natural y eso le proporciona supervivencia. Por esa simple lógica no es posible que un caballo ame ser lastimado, ser golpeado, ser dañado de ninguna manera. Ningún caballo elige recibir un fustazo o soportar un peso en su espalda que le produzca incomodidades, picazón, ardor o algún tipo de dolor. No importa que el daño sea momentáneo, imperceptible y a corto plazo.

Los seres humanos somos iguales, no nos atrae lo desagradable, lo que nos produce incomodidad. En el caso del binomio hombre/caballo, por ejemplo, de una jovencita que está enamorada de su caballo e incurre en actividades deportivas, recreativas o similares con él, el problema es otro.

El problema no es la similitud que tenemos con el caballo en este aspecto del rechazo de lo desagradable sino que, a diferencia de los caballos, las personas manejan conceptos y viven guiados por ellos. Tenemos un lenguaje verbal y conceptual muy desarrollado, y dentro de esa riqueza de lenguaje existe algo que se llama mentira o engaño, e incluso auto engaño. Es aquí donde yace la diferencia con los animales. Los conceptos, las ideas, nos generan emociones que pueden ser agradables o desagradables, como alegría, sufrimiento, etc. La mayoría de las personas, por esta "ley básica de la naturaleza", prefiere creer una mentira si esta es reconfortante.

Así que hoy andan estos jóvenes y niños de todas las edades creyendo toda clase de mentiras sobre los caballos. Se los ve por doquier abrazando sus caballos atados, besando las caras de sus caballos llenas de hierros en la boca, o mejilla con mejilla. Mientras, dicen que los aman y hacen lo mejor por ellos, creyendo alegremente que sus animales están agradecidos, los quieren y lo disfrutan…

Si no fuera tan triste, sería gracioso ¿no?...

*La verdadera amistad con los caballos es la clave para la comunicación y la comunión, sin sometimiento, sin imposición. Solo este modo operante es la base efectiva para el mutuo aprendizaje y la libertad. Tanto para el caballo como para nosotros.*

# La relación

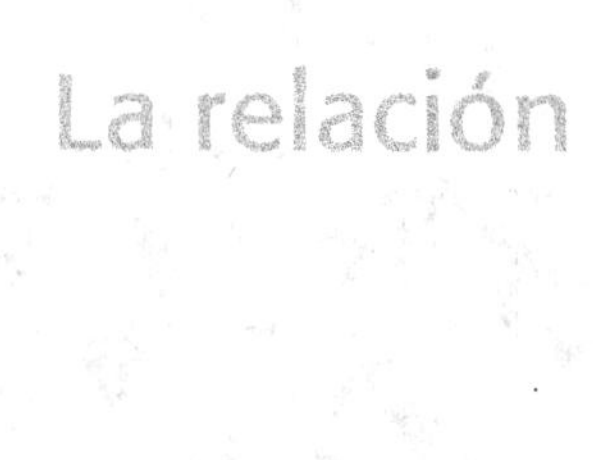

La relación

Los siguientes artículos fueron escritos para que pueda interpretarse cuál es mi propuesta respecto de una aproximación responsable, respetuosa y profunda a los caballos.

# Volver a sentir

En este mundo al revés se escuchan conceptos tan extraños como que el caballo debe ser desensibilizado para una buena relación con él. En el camino de asumir que tal cosa es buena somos nosotros los que vamos perdiendo la sensibilidad y la posibilidad de conexión y empatía.

¿No es eso acaso necesario para perpetuar la violencia y la incomunicación? A través de esta filosofía persona y caballo deben parcialmente desconectarse de sí mismos, de su naturaleza y sus sensaciones. La experiencia nos dice que, parcialmente sensibles, caballo y persona alcanzan lo que hoy es considerado el arte del horsemanship. Solo en ese estado puede perpetuarse el antiguo paradigma de la dominación.

Propongo absolutamente lo opuesto, debemos sensibilizar a las personas en vez de desensibilizar a los caballos. Quienes deseen que su relación con los caballos florezca deben utilizar la compasión como principal herramienta en vez de la soga, el corral, la etología o el liderazgo.

Es cierto que para domar caballos o montar es necesario un poco de empatía, pero no mucho. Para las personas amantes de la equitación, desarrollar demasiado la capacidad de ponerse en el lugar del otro y entender lo que siente los haría automáticamente dejar de montar, si no para siempre, por lo menos como lo están haciendo.

Debemos aprender, cambiar nuestra mente y desechar muchos supuestos y las excusas que los profesionales de distintas disciplinas vienen dando desde tiempos inmemoriales:

Que el caballo está aquí para nosotros, para servirnos y para acatar nuestra voluntad.

Que su existencia debería responder a nuestro deseo de montarlo, y su voluntad, a nuestro capricho egoísta de hacerlo, sin miramientos por lo que sienta o por lo que le pase y sufra en este proceso.

Que el caballo no siente nada, porque es un animal... o por su tamaño o su fuerza...

Que él necesita saber quién manda y eso hará que nos respete o nos siga.

Que dejar que un caballo haga lo que quiere lo "arruina" o vuelve "caprichoso", "inmanejable", "vicioso", etc.

Que el sometimiento - sea "violento" o "sin violencia"- es la única forma de obtener alguna cosa con ellos.

Necesitamos saber:

Que jerarquía y liderazgo, por supuesto, no son la misma cosa pero nada tienen que ver con la amistad con un caballo, pues nadie pretendería ser jefe o líder de su amigo.

Que lo que suele llamarse liderazgo en el ambiente ecuestre es solo manipulación pues la aceptación de la guía del otro ocurre desde la propia voluntad consciente y la libertad.

La lista es larga pero, por hoy, solo les dejo esta apostilla.

El caballo es muy hábil para ocultar su dolor ya que en la naturaleza un animal adolorido se vuelve una presa muy tentadora. Sería esperar en vano que él les diga lo que ustedes ya saben y por simple lógica pueden entender.

Los convoco como siempre, otra vez, a re pensar, y a re sentir pues solo de esa manera iremos creando el paradigma de la nueva era de nuestra relación con los Caballos y los animales en general.

# El Arte de los Caballos

*Se puede deslizar el arco sobre el fondo de un violín durante treinta años, incluso cien años, pero aun así no habrá música alguna. Y la persona que sostiene el arco tampoco se convertirá en músico.*
Alexander Nevzorov

Generalmente, mis escritos hablan de los caballos. Se ha hablado mucho de Arte en este ámbito: "el arte de la equitación", "arte ecuestre", "el arte de la doma".

Al ser el caballo una criatura, un ser, un otro con voluntad y decisión propia con el cual nosotros deseamos interactuar, ya sea que lo aceptemos o no, estamos, entonces, dentro del universo de las relaciones.

Cuando digo "universo" me estoy refiriendo a un cierto espacio que puede ser conceptual o físico en donde, por lo general, se cree que rigen las mismas pautas, la misma lógica, las mismas reglas. Y son estas reglas, normas, pautas, las que todos conocemos: "no hagas a otros lo que no quieres que te hagan a ti", por ejemplo, entre otras máximas.

Hace mucho el psicólogo y filósofo Erich Frömm escribió un libro llamado *El arte de amar.* Él considera en su obra que, dentro de las posibilidades de relacionarnos, la del amor es un arte. Claro que, como todo arte, este puede ser aprendido.

Ahora, para que haya arte, tal vez sea necesaria una técnica, aunque lo que sí es indispensable es la comprensión de lo que realmente estamos haciendo o queremos hacer. Eso requiere alguna comprensión sobre nosotros mismos y sobre los otros.

Históricamente los seres humanos hemos tenido ciertas dificultades en reconocer la igualdad de los otros respecto de nosotros. Las diferencias morfológicas, el color de la piel, la forma de los ojos, la cantidad de grasa corporal, han sido y son, a veces, una barrera para reconocer al otro.

Es cierto que es más fácil reconocer primero las similitudes formales; comprender a un chimpancé es más simple respecto de una serpiente, por lo menos en primera instancia.

Cuando hablo de comprensión, en principio, quiero decir lo mismo que ya he dicho en otros escritos sobre el tema.

En inglés, comprender significa ponerse debajo de algo, *understand* (*under:* abajo, y *stand:* pararse). Decía mi maestro de aikido: *"comprender es aprender de alguien o de algo, comprender a una persona es percibir lo que la persona percibe; comprender algo es percibir de tal manera que nuestra percepción de eso cree una unidad armónica. ¿Cuál es la diferencia entre aprender y comprender? Generalmente, el aprendizaje tiene un objetivo definido: uno aprende una técnica, un idioma, un deporte. Mientras que comprender significa entender el significado de las palabras de los demás, lo que sería aprender la relación que existe entre sus palabras y la realidad a la que se refieren".* Cuando comprendemos a un animal, estamos aprendiendo la relación entre sus acciones y su entorno. En este sentido, comprender es aprender sobre las relaciones.

Seguimos entonces en el terreno de las relaciones. Recuerden la frase de Alexander Nevzorov *"Un simple análisis como '¿cuando hago lo que hago, qué es lo que siente él?' es el camino más corto al corazón de un caballo…".* Para esto es necesario un estudio y aprendizaje bastante específico, algo de lo que ya he descrito en *El Silencio de los Caballos,* pues debemos comprender esta *"gramática fisiológica".* Si no, de otra manera estaremos suponiendo o seremos presa de las populares fantasías y eufemismos del ambiente ecuestre.

Entonces, ¿qué es lo que estamos haciendo cuando tratamos con un caballo? Tiene, en principio, dos respuestas; la primera sería entender o saber qué cosas estoy haciendo cuando interactúo con mi caballo y, por supuesto, qué siente éste cuando hago lo que hago, por ejemplo, tirar de las riendas. La segunda respuesta es bastante simple: me estoy relacionando con otro individuo. Para comprender esta segunda respuesta tendría que poder ver y sentir al caballo como otro individuo, por ejemplo, como si fuera yo mismo u otra persona. Tomen esto como un ejercicio de la imaginación, no tengan miedo. Claro que no estoy diciendo que el caballo es un ser humano, lo que quiero es que se entienda que no es una cosa, sino un individuo con el cual me estoy relacionando.

El mismo Frömm, en su libro ya mencionado, trata de establecer una estrecha relación entre el conocimiento y la compresión en el arte de amar, en el arte de las relaciones. Y es que existe esta estrecha relación, pues el caballo es un Otro no humano, como dije antes. Esto requiere de algún conocimiento extra, pues, si bien existen entre los homínidos (familia a la que pertenecemos) y los équidos similitudes y diferencias, el problema no son las diferencias. En realidad el problema es religioso, filosófico o de arrogancia: es esta suerte de pretensión que nos hace sentir que, por pertenecer al orden de los primates homínidos, tenemos privilegios o atributos que nos permiten ponernos por encima de las otras especies.

Pero como dije anteriormente, cuando, con la perspectiva apropiada, comenzamos a preguntarnos sobre el caballo y sus necesidades, sus obligaciones y perspectiva, rápidamente comprendemos. Es allí cuando comenzamos a amar su punto de vista, su indefensión, su libertad...

Al principio mismo del libro de Frömm, encontrarán esta cita de Paracelso:

*Quien no conoce nada, no ama nada. Quien no puede hacer nada, no comprende nada. Quien no comprende nada, nada vale. Pero quien comprende también ama, observa, ve... Cuanto mayor es el conocimiento inherente a una cosa, más grande es el amor... Quien cree que todas las frutas maduran al mismo tiempo que las frutillas, nada sabe acerca de las uvas.*

Por supuesto, hay quienes no quieren o no pueden entender lo que digo. Es comprensible: para algunos de nosotros ha sido un largo proceso de transformación llegar a entender. En lo personal, me llevó varios años. Por eso entiendo que, por distintas razones y circunstancias, a muchas personas, aun siendo profesionales de la doma o la equitación, les cueste comprender a los caballos. En realidad, creo que lo contrario suele ocurrir: cuanto más metido se encuentra uno en las profesiones ecuestres más difícil suele volverse la más lógica y simple comprensión. Al mirar al pasado y ver mi camino o el de las personas de caballos con las que me he ido relacionando, como mi maestro de doma india, distintos jinetes de elite o profesionales veterinarios que conozco personalmente, me doy cuenta de la gran dificultad que hay para entender por el simple hecho de que están "deslizando el arco del violín sobre la parte de atrás". Digamos por ahora que "no tienen taza" o, por lo menos, todavía no se han hecho de una. Esto es muy desalentador a la hora de tratar con este tipo de personas.

*…Es inútil explicarles nada. Nunca entienden o no aceptan, nunca lo harán.*

*Según el Zen, estos son el tipo de personas que "no tienen ninguna taza". Por "no tienen taza" me refiero a la conocida historia acerca de un maestro Zen y su tonto hermano lego:*

*"Cuando el tonto hermano lego le preguntó al maestro una compleja pregunta sobre el destino, el maestro respondió: - Yo puedo responder a tu pregunta, pero no lo haré porque no la vas a entender. Imagina que tengo una tetera con té y lo quieres beber. Estoy dispuesto a darte el té, pero se necesita una taza. Tú no tienes ninguna.*

*Si yo sirviera el té en tus puños, te quemarías. Vas a gritar de dolor y vamos a arruinar tus puños, las esteras y el barniz del suelo… y tú ni siquiera lo llegarías a probar".*

*Exactamente de la misma manera, este conocimiento es inútil para "Amantes" de los caballos. Al obtenerlo van a quemarse los puños y gritar de dolor, pero el sabor del conocimiento permanecerá desconocido para ellos, ya que "no tienen ninguna taza".*

*El sabor del conocimiento sólo es verdaderamente entendido a través de la aplicación.*

*¿Qué quiero decir con "una taza"? Por una taza quiero decir el amor a un caballo, pero no el amor por poner el culo en un caballo, el amor ecuestre que es idéntico al amor de un "biker" hacia su moto o ciclomotor, sino el verdadero amor que se alimenta en el conocimiento de los caballos y que te lleva a saber con precisión los sentimientos y sensaciones del otro a quien amas y poner su bienestar por encima de tu comodidad y caprichos.* De Alexander Nevzorov, *Tractate on school mount.*

Creo no equivocarme al tratar de afirmar en mis escritos que en el "universo de las relaciones" existe el amor y en todas ellas hay posibilidad de experimentarlo. También, en este mismo universo de las relaciones, existe el abuso, la manipulación, la violencia -que a veces puede no ser explícita o evidente-, el sometimiento, la violación, la guerra, el odio. Nevzorov suele decir que no existen los modos amables, las domas no violentas, los métodos suaves de relación con los caballos, sino que "existen dos tipos de relación, las patológicas y las normales".

El universo de los caballos será, entonces, para aquellos que tengan aprendido el arte de amar al caballo, no para los que buscan lo que se puede obtener de él. Para aquellos que tengan su "taza", para quienes tengan ese amor o estén decididos a aprenderlo, será posible conocer el sabor de una relación sana con los caballos.

# *conCaballos:* Una escuela de Hipología

Todos hemos soñado en algún momento con poder contactar con los caballos.

Hemos soñado una relación única y especial o con tener el don que nos acerque de manera natural, espontánea y plena a esta criatura, que ella nos honre en compartir su gran poder y gracia, su bello espíritu de libertad y su incondicional amor.

Pero, ¿qué es lo que siente el caballo con respecto a esto? ¿Qué es lo que necesita? ¿Quién o qué es el caballo realmente? ¿Es posible el encuentro sin este entendimiento?

De seguro a los que amamos y admiramos a este ser, preguntarnos esto nos llevará en busca de otra relación con los caballos y a una renovación en nuestra forma de verlos y entenderlos.

## El camino de la Escuela

La idea del estudio hipológico que propongo no es el aprendizaje de técnicas, sino la comprensión básica del caballo. Quiero aclarar esto aquí en toda su magnitud para que no se malentienda.

En la primera etapa comenzamos desde la más simple aproximación a su anatomía y fisiología, a lo cual sumamos un minucioso análisis de nuestros modos de relación con los caballos y otros animales. Esto es necesario para poder tirar abajo las barreras de la ilusión que no nos permiten el acceso a la realidad del caballo. Luego, una vez que tomamos conciencia, podemos relacionarnos con el caballo viéndolo como quien es y no como lo imaginamos o nos gustaría que fuese. Así comienza el camino de esta Escuela.

Esto es necesario, hoy día, dada la gran confusión existente en el mundo de los caballos, donde el desconocimiento se mezcla con lo tradicional y hasta con lo mágico.

Sé que muchas personas no llegan a comprender qué es lo que enseñamos, o por qué lo hacemos. ¿Qué más habría que aprender además de montar, domar o entrenar a un caballo? ¿Qué relación tiene la educación o el cuidado de un caballo con la anatomía?

En principio, pareciera que muy poca desde el punto de vista de la equitación y el manejo ecuestre natural o tradicional. Eso es porque existe un efecto muy grande del utilitarismo sobre nuestra relación con los animales en general y con los caballos en particular. Hasta podría decirse que hay una anatomía equina y una anatomía ecuestre. Es por esto que consideramos que hay mucho para rever respecto de lo que sabemos de los caballos. Alexander Nevzorov, por ejemplo, suele decir: *Un simple análisis como "cuando hago lo que hago, ¿qué es lo que siente él?" es el camino más corto al corazón de un caballo y de una eficacia fantástica en la educación de este. Pero la pregunta "¿qué siente él?" debe responderse con honestidad. Honestamente en extremo. Mientras más inquisitivamente se pregunte a sí mismo el jinete, más completa y precisa su imagen de las sensaciones fisiológicas que experimenta el caballo. Cuanto más honestamente se pueda responder a sí mismo, más efectivo será el proceso educativo en sí. Pero, como ya he mencionado, a fin de responder con honestidad, usted debe entender.*

*Mis disculpas por mi actitud dura, pero estoy repitiendo una y otra vez que la comprensión de las sensaciones fisiológicas de un caballo con todos sus matices es de vital importancia.*

*La persona que no entiende esta "gramática fisiológica", no comprende al caballo, no entiende nada.*

*Todo lo que tiene que hacer es simplemente pensar y pensar, para romper con el estereotipo. Entonces serán posibles muchas cosas.*

Otro paso para *"romper el estereotipo"* es el abandono de las técnicas. Por esto es que en la curricula, nuestra Escuela debe incluir un profundo análisis de la relación hombre-caballo. Cuando empezamos, lo hacemos, no descartándolas de plano y ya, sino que, durante toda esta primera etapa, nos dedicamos al análisis de los distintos métodos de doma-entrenamiento que han existido y existen hoy día. De esa manera, no solo se hace clara la contradicción existente en las metodologías ecuestres, con sus distintas técnicas de amanse o aproximación al caballo, sino también, lo innecesario de estas, la violencia oculta, la falacia de sus promesas de amistad y respeto y la búsqueda última de control de los caballos.

Como lo he explicado en muchas oportunidades, casi la totalidad de aquellas técnicas existentes son atajos para lograr un cierto control del caballo o de sus habilidades. El abandono de esta actitud conlleva la búsqueda de una relación franca y sincera con ese otro ser con el que quiero establecer contacto, en este caso, el caballo. Generalmente esto produce grandes cambios en las personas que asisten a nuestra escuela. La amistad verdadera se construye de otra manera y no hay técnica que sirva para el encuentro con el otro.

Una relación sincera, plena, franca con otro ser, no puede estar guiada por las modas, el utilitarismo o el egoísmo. Cuando eso ocurre no estamos hablando de ese íntimo contacto de alma a alma.

Algo de eso es lo que aprenden las personas que vienen a nuestra escuela, además de anatomía. Debo aclarar que aquí es donde se produce la primera situación crítica, pues no todas las personas están deseosas o preparadas para ciertos cambios. Mas aquí no debemos confundir lo que cada uno va aprendiendo en la tarea, con la tarea misma. Como dije antes, nuestro acercamiento inicial es básico y simple, sin más promesas que el conocimiento elemental para un reconocimiento del Caballo como sujeto, no como objeto de utilidad terapéutica [16] o de uso deportivo.

[16] Ver el artículo sobre terapias asistidas y *coaching* en página 147.

# Las interpretaciones y contradicciones más comunes

Existe una especie de ventrilocuismo, un auto engaño muy común en el ambiente ecuestre y gracias a él miles de personas repiten la misma frase: "a mi caballo le gusta...". Esta necesidad de justificación, aduciendo a un placer compartido con el otro, es terriblemente destructiva para la relación por ser una fantasía. Otros discursos y palabras, puestos en la boca del caballo suelen escucharse en los cursos de "amanse", "doma natural", *"coaching"*, "etología aplicada al desarrollo empresarial" y otras propuestas similares. **Insisto en que todo esto no tiene sentido o es pura falacia si se desconoce al caballo.**

Como dice Alexander Nevzorov:

*La investigación sobre la "psicología profunda del caballo", los diferentes tipos de prácticas "extrasensoriales" o chamánicas no son las cosas más importantes. Son atractivos y pueden ser necesarios en el trabajo de Escuela con un caballo, pero todo surge inicialmente de la fisiología y la anatomía.*

*Usted puede aprender de memoria las enseñanzas de Pluvinel y Fiachi, se puede llenar a sí mismo, de la cabeza a los pies, con amuletos Lakota. Puede aprender todos los encantos del "Falling coyote" o de la "Horse enciclopedia", pero si simplemente causa algo de dolor o incomodidad al caballo, él no va a hacer amistad con usted.*

Por último, para ganarse el respeto real del caballo -y no esa suerte de imposición de nuestra arbitrariedad, a la que se suele llamar respeto en el ambiente del entrenamiento animal-, estando ya en el terreno de la relación con un caballo, viene el abandono de las expectativas, de los resultados y de las pretensiones personales, para la necesaria evolución de nuestra relación con él. Escribe Alexander Nevzorov:

*La cuestión es que el principal secreto de una relación especial con el caballo, lo que confiere al hombre las habilidades sorprendentes para educarlo, consiste en el hecho de que no hay ningún secreto.*

*La verdad es que hay, pero es tan modesto, tan poco espectacular, que estoy de alguna manera incómodo, incluso, al mencionarlo.*

*El secreto de la relación con el caballo es amar su esencia cuando lo miras.*

*Sentir su dolor, el miedo y el malestar como el tuyo propio. Amar su extraño punto de vista, visto desde el mundo humano y, siempre que sea posible, compartir esa visión del mundo.*

*Es necesario respetar la total indefensión del caballo y reconocer su derecho a estar insatisfecho. Hay que renunciar a la soberbia de primate estúpido y darse cuenta de que pertenecer al suborden de los homínidos no da derecho absoluto alguno a ningún tipo de supremacía.*

*El secreto del alma del caballo es que el caballo no te debe nada y no está obligado a obedecerte.*

# Desarrollo personal y espiritualidad con Caballos

*Todo intento de vivir plena y creativamente sufre el
continuo embate del tiempo y sus contingencias que
lo deteriora y desvía del camino recto. De ahí que sea
imprescindible volver siempre a las fuentes de origen
para dar un golpe de timón y rectificar el rumbo.*
Dorothy Ling

## El juego de la oca de Vishnú

Siempre me ha interesado el aspecto de eso que podríamos llamar
lo trascendente o espiritual del camino de los caballos o de la relación
con ellos. De todas maneras, con los años me he encontrado con todo
tipo de cosas a este respecto, en un abanico que va desde lo ridículo y
contradictorio, hasta lo interesante y poseedor de sentido. Al encarar un
análisis de este tema, como de otros, prefiero comenzar con un abordaje
sencillo y próximo. Me refiero a comenzar, por ejemplo, buscando las
razones, causas y explicaciones dentro del ámbito del sentido común o en
ciertos fenómenos dentro de lo natural antes que en lo oculto, lo lejano o
lo inexplicable y la fe. Con esto no estoy planteando la inexistencia de lo
que yo desconozco, solo propongo para algunos casos (pues considero su
aplicación, como norma, muy empobrecedora), el principio de parsimonia [17],
es decir, mantenerse dentro de lo más simple, pues a veces las cosas se
presentan complicadas.

---

[17] Conocido como "navaja de Ockham", expone que "dadas las mismas condiciones, la explicación que
suele resultar correcta es la más sencilla".

La espiritualidad con caballos es un tema histórico fascinante: las diferentes aproximaciones de las distintas culturas, sus especulaciones, sus metáforas y creencias. Los celtas, los Lakota, entre los no cristianos y más antiguos, encontraban en los caballos a espíritus mensajeros, pero creo que fueron los cristianos, específicamente los templarios, quienes vieron en estos una veta para el desarrollo personal, para la templanza espiritual. Según Alexander Nevzorov, de allí deviene la secreta escuela de caballería que, paralelamente a los modos populares, se va desarrollando con los siglos dentro de una línea cargada de misticismo. Al parecer, esta Escuela no se mantuvo dentro de las creencias cristianas, pues tuvo elementos de la cábala y la alquimia, e incluyó entre sus preceptores a hombres de caballos de variadas creencias y status social o político. [18]

Volviendo a lo que me ocupa y llegando a estas épocas más modernas, nos encontramos con un nuevo florecimiento del tema. No solo desde la mirada espiritual, también desde la psicología o la filosofía han aparecido algunas propuestas y acercamientos. [19] Lo que últimamente se está escuchando mucho es el término "desarrollo personal".

Hoy día es larga la lista de facilitadores, maestros y hasta gurúes, y esta incluye, como mencioné al principio, un gran abanico de actividades y de fundamentaciones. Dentro de la gran cantidad y variedad van a encontrar desde charlatanes a serias personas, dedicadas y responsables o profesionales con experiencia, sea esta en psicología, espiritualidad o desarrollo personal, pero quisiera señalar algunas complicaciones e incongruencias. La primera es la escasez de este tipo de personas en el ambiente ecuestre, y la segunda y más importante es la falta de conocimientos y la gran ignorancia respecto de los caballos de estos pocos

---

[18] Al parecer, Antoine de Pluvinel (1552), el gran maestro de la Haute Ecole, fue uno de sus últimos preceptores conocidos.

[19] Y ni siquiera estoy hablando de esas cosas como "domar el alma", algo que de solo pensarlo y verlo en los caballos me da muchísima pena.

hombres y mujeres y sus actividades. Esto no es un tema sin importancia, pues como estas actividades están apoyadas en la interacción con caballos y en las cualidades de este, la desinformación y los conceptos erróneos le quitan solidez [20] a todo el trabajo en sí. Por simple lógica no puede sostenerse un verdadero trabajo de enseñanza o lo que fuere si las premisas o fundamentos son fantasías alucinadas por alguna mente rica e imaginativa, mentiras inventadas para aprovecharse de la gente, o simplemente erróneas.

Del mundo de los caballos propiamente dicho son varios los que hablan de esta faceta que incluye el desarrollo personal. Con solo ver el documental de Stormy May, *El camino del caballo*, podemos anoticiarnos de los más conocidos. Encontrarán en este a Alexander Nevzorov, quien, siempre pragmático y concreto, durante la película advierte: *"También es bastante peligroso poner al caballo en un nivel 'cósmico' (¿cosmológico?), de inalcanzable ser extraño, increíble y no visto, así como tampoco rebajarlo a un mera pieza deportiva. Diría más bien que una relación cercana y noble con cualquier criatura viviente siempre te dará increíbles resultados."*

Es cierto y esto no quita que el estar con caballos de una cierta manera no represente un desafío para el desarrollo interior de muchas personas. De todas maneras, ya les he hablado de mi desilusión cuando contemplo propuestas de desarrollo personal o espiritual que en definitiva están tras las huellas de la doma india, el natural horsemanship o el entrenamiento Natural, todas metodologías abusivas y, en definitiva, incoherentes con una propuesta de desarrollo humano y respetuoso hacia el caballo. La simple lógica de Alexander se aplica a todos estos sucedáneos de un trabajo serio con nosotros mismos al decirlo con una franqueza irrefutable. No importa cuán espiritual o místico seas, el caballo te va a valorar por lo que hagas con él. La investigación sobre la "psicología profunda del caballo", los diferentes

---

[20] En lógica, la solidez (en inglés soundness) es la propiedad que tienen los argumentos cuando son válidos y sus premisas son todas verdaderas. Cuando un argumento es deductivamente válido, entonces si es sólido, su conclusión será necesariamente verdadera.

tipos de prácticas "extrasensoriales" o chamánicas no son las cosas más importantes. Son atractivos y pueden ser necesarios en el trabajo de Escuela con un caballo, pero todo surge inicialmente de la fisiología y la anatomía.

Creo, entonces, que a este respecto no puede haber excusas por más que el tema sea el desarrollo humano o la espiritualidad. La lectura del alma o de la psiquis humana, las prácticas psicológicas o las chamánicas no pueden ser una excusa más para maltratar a los caballos. Pero voy a continuar, pues esto ya lo he explicado con detalle en otras ocasiones.

Ya que estamos en este tema, diría, colateral a los caballos, de su manejo o, si quieren, de la relación con ellos, voy a explicarme entonces en esos términos y proponerles una reflexión que quizá les agrade o les divierta hacer. Me parece interesante ahondar una vez más en el tipo de relación que prodigamos a nuestro compañero el caballo y, más específicamente, en ese afecto declarado por nosotros al que llamamos Amor. Entiendo que, para los interesados en el tema del desarrollo personal o lo espiritual, la posibilidad de ampliar nuestra comprensión y crecer en un tema como el del amor y las relaciones no es un objetivo menor.

Es cierto, todos amamos los caballos, pero ¿qué clase de amor practicamos? Digo que el estadio "espiritual" en que nos encontramos debería darnos una pauta del tipo de amor que nos encaja mejor y viceversa. La mayoría de las veces en que observo a las personas relacionarse con sus caballos y profesar un cierto amor hacia ellos termino pensando en este asunto del amor y el desarrollo personal. Pienso que tal vez sucede que la mayoría de nosotros estamos, con respecto a los caballos, en ese primer estadio del amor del hinduismo, descrito tan bien por Joseph Campbell en su libro *Reflections on the art of living*.

*En el hinduismo, la religión del dios Vishnú es la del amor. En el modo en que esta religión analiza el amor hay cinco grados de amor y un modelo que representa a cada uno de estos diferentes estadios. Toda la disciplina de buscar la iluminación puede realizarse a partir de la energía de ese canal.*

*El primer grado de amor, el del criado al amo, es un grado de amor bajo. "Oh señor, tú eres el amo. Yo soy el sirviente. Dime qué debo hacer y lo*

*haré". Es el camino de la ley religiosa. Donde hay muchos mandamientos:
diez mandamientos, mil mandamientos, ciento diez mil mandamientos. Es
una religión del miedo. Uno no se ha despertado a la presencia divina. Ella
está allí, y uno está aquí. Este método vale para la gente que no ha tenido
mucho tiempo de dedicarse ni al pensamiento religioso, ni al amor.*

*El modelo que representa este primer estadio es el del pequeño rey
mono, Hanuman, que es el sirviente de Rama. No sé si hay un ejemplo
específico de este estadio en la tradición cristiana, pero no necesita haberlo
porque la tradición cristiana no es otra cosa para la mayoría de la gente:
obedecer a diez mandamientos aquí, diez mandamientos allá.*

*Grado número dos, la relación de amigo a amigo, es el despertar de lo
que nosotros llamaríamos amor. Aquí uno piensa en su amigo, más que en
la primera situación. El modelo de este segundo estadio de amor, de amigo
por amigo, sería el de los apóstoles a Jesús, o el de cualquier persona que
sea en realidad amante de algo o de alguien.*

*Sri Ramakrishna, un maravilloso santo hindú del siglo pasado, una vez le
preguntó a una mujer que decía que no amaba a Dios: "¿no hay nada en el
mundo que ames?". Y ella respondió: "amo a mi sobrinito". "Pues bien", dijo
él, "ahí está Él. Ahí está tu servicio". Donde quiera que haya una experiencia
de amor como acto espontáneo antes que como la obediencia a una orden,
hemos salido del estadio uno y hemos pasado al dos.*

*Esto vale la pena pensarlo. ¿Hasta qué altura de servicio espiritual llega
este nivel? Yo diría que muy poca. Pero así es como debe ser. La experiencia
religiosa está muy disminuida cuando es solo una consumación de leyes y
órdenes, y uno no es más que una persona que, de buen o de mal grado,
hace lo que le mandan. Cuando pasa a ser una relación espontánea de
amor, estamos en otra categoría".*

Bien, sé que en estos ámbitos se suele hablar de espejarse en la
relación con el caballo, tus acciones y cosas similares, que por lo general
no tienen ningún sentido para mí (que conozco los caballos y sé que eso
es solo una fantasía y proyección). Pero he aquí un buen punto donde

espejarse. ¿Cuál es mi verdadera concepción del amor si estoy esperando del caballo obediencia a mi persona? Debe de ser muy poca mi habilidad de volverme amable si pretendo que el caballo me quiera de esta manera. Cuando me relaciono con él a través de órdenes y reglas, a las cuales suelo llamar respeto o liderazgo, ese es el desarrollo personal que busco para mí. Ser amado y respetado dentro de este estadio inferior de las relaciones amorosas. El estadio de amo sirviente.

En todo caso esto está muy bien para un cierto tipo de personas. Diría Campbell, "este método vale para la gente que no ha tenido mucho tiempo de dedicarse ni al pensamiento religioso, ni al amor". Pero aquí estamos hablando de personas interesadas en lo espiritual o, por lo menos, en el desarrollo personal. Así que el abandono de ese tipo de metodologías parecería ser apremiante (sobre todo si son ustedes quienes imparten los cursos sobre el tema).

Cómo genero en mi relación con el caballo el segundo estadio, cómo me vuelvo su amigo, son los primeros pasos en la senda hacia ese otro grado de amor. Ese amor espontáneo del caballo hacia mi persona, es algo que no puedo ordenar o coaccionar. Por más bozales, corrales circulares, técnicas de liderazgo o imitación de los comportamientos de los caballos líderes y yeguas madrinas de las manadas que intentes, parafraseando a Alexander, el caballo no va a ser tu amigo. Quizás quieras ser su jefe, su líder o su amo, pero eso te llevará directamente al primer estadio en un círculo perfecto.

Cuando por fin entiendas de qué se trata todo este asunto de la amistad con los caballos del que te he hablado en tantas publicaciones, según esta pequeña analogía del camino del amor, al parecer podrías haber alcanzado otra categoría en tu "desarrollo personal".

# Relaciones y técnicas

## Técnicas

Según Ivan Illich, algo en el siglo XII abrió la posibilidad de existencia a lo que llamamos hoy la "tecnología". Este algo es el surgimiento de la *causa instrumentalis* en la filosofía escolástica temprana: el concepto de que ciertas cosas, exteriores a la persona, pueden ser medios para alcanzar fines de la misma, idea que, a partir de Roger Bacon, desemboca en la fantasía de que la naturaleza es una mina de recursos que tiritan para ser explotados con los instrumentos adecuados. [21]

Esto queda expuesto de manera clara en la idea que las personas tienen respecto de la relación con los caballos. El supuesto de que existe una Técnica, un Método o un instrumento para alcanzar la relación soñada con un caballo es una fantasía corriente hoy día en la *new age* ecuestre.

Me encuentro una y otra vez en la situación de tener que explicar esto a muchas personas, incluso a algunas a quienes no se les ocurriría nunca pensar de esta manera en otros aspectos de sus vidas.

[21] *Bacon era un teólogo, lo que le interesaba era "la restauración y reinvestidura del hombre en la soberanía y del poder que tenía en el primer estado de creación en el paraíso". Para él, "el progreso de las artes y de las ciencias es adquirir el dominio de la naturaleza"; el hombre de ciencia va hacia ustedes "con toda su verdad llevándoles la naturaleza y todos sus hijos para obligarla a servir y hacerla su esclava". Reivindica "el derecho sobre la naturaleza [...] que pertenece al hombre por legado divino [...] y promete la liberación de las incomodidades del estado de hombre". Para Bacon, "las invenciones mecánicas recientes (de ese momento) no actúan sólo con suavidad sobre el curso de la naturaleza; tienen el poder de conquistarla y subyugarla, de sacudirla hasta sus fundamentos". Bacon proponía forzar la naturaleza, torturarla experimentalmente a fin de constreñirla para que revelara sus secretos. Si su estilo ya no es el actual, lo es siempre su optimismo.* Ivan Illich

En el devenir de la vida diaria, la técnica, si es que existe, nunca antecede a la acción o la relación. Me refiero a la técnica o la tecnología como mecanización, como metodología. No es que no se pueda lograr, de hecho muchas personas de nuestra cultura, en muchos ámbitos de la vida, logran anteponer las técnicas (e incluso logran naturalizarlas) volviéndose, así, lo que llamamos "expertos o profesionales". Pero por otro lado sabemos también que ser un experto en psicología no nos asegura estar psicológicamente sanos, ni ser profesional médico nos da salud.

Todo esto, o para decirlo de otra forma, esta mirada, es de alguna manera el cristal a través del cual nuestra civilización observa el mundo, se observaba así misma. Lo que trato de decir es que no existe todo esto en expresiones del bagaje cultural y del saber de otras "culturas" fuera de la "occidental, alfabetizada e industrializada" (sean actuales o primitivas, animales o humanas).

Vivimos en una cultura que tiene, tal vez, demasiada confianza en la tecnología y hoy día tenemos la tendencia de mirar sólo a través de ese lente. Cuando vemos la relación entre una cultura "primitiva" y su ambiente creemos que podemos expresarla en lo que llamamos "técnicas de supervivencia": en donde observamos la relación entre un monje y "el misterio del universo", creemos estar viendo técnicas de meditación o para alcanzar la paz interior; vemos técnicas de enseñanza donde solo existe la íntima complicidad entre el alfarero y su aprendiz y el gesto atento, vital y sesudo de ambos...

Si están buscando un "método natural y sin violencia" para amansar y entrenar a los caballos, es como si buscaran una técnica para seducir y enamorar a una chica. Entonces no estamos hablando de Amor, por decirlo de alguna manera, solo hablamos de "tecnicismos". Hay un dicho melanesio para esto, lo llaman *"estar sentado sobre la ballena, pescando pececillos".*

Claro que todas estas técnicas para caballos proveen resultados y siempre hay quienes esperan obtener de este tipo de interacciones una relación sincera. Pero es aquí donde yace el problema. Piensen en las relaciones humanas: nadie pretendería a partir de técnicas o protocolos encontrar la amistad verdadera o el amor sincero con otra persona. Y es lógico, pues las técnicas son como atajos a las cosas, y es por esto que tienen utilidad, pero son, en todo caso, un medio, no un fin. Es por eso que no sirve aplicar una técnica a las relaciones.

Incluso hubo una época (que ahora parece volver a estar de moda) en la que aparecieron libros que se titulaban *"Diez técnicas para alcanzar la felicidad", "Cómo ganar amigos"* o, más recientemente, *"Coaching para enamorar"*. Claro que todo eso es entretenido, divertido y útil y podemos pasarla bien -a cierto nivel-, pero la amistad verdadera se construye de otra manera y no hay técnica que sirva para el encuentro con el otro.

Como ya he dicho, una relación sincera, plena, franca con otro ser, no puede estar guiada por las modas, el utilitarismo o el egoísmo. Cuando eso ocurre no estamos hablando de ese íntimo contacto de alma a alma.

## La nueva relación con los caballos

Tan importante como el abandono de las técnicas es el cambio en la concepción y la actitud, lo que yo llamo "el cambio en la mirada". Esto ya lo he explicado en detalle en *El Silencio de los caballos,* y durante ese recorrido (sumado al análisis sobre casi todo lo que se está hablando y enseñando respecto de los caballos hoy día), fui explicando los fundamentos de la Nueva Relación. Quiero aprovechar aquí para profundizar apenas en algunos aspectos de ella.

## Disciplina

Ya estando junto a un caballo hay dos aspectos fundamentales que deben ser bien entendidos, el respeto y la disciplina. Como es mucho lo que se ha dicho sobre estos temas en el ambiente del entrenamiento animal, necesito, para que me comprendan mejor, redefinir ambos términos.

Comenzaré esta vez por el aspecto al que me he referido pocas veces: la disciplina.

En palabras de Donna Condrey-Miller representante de la Nevzorov Haute Ecole en California, *"la disciplina es un aspecto importante de NHE, tanto para los seres humanos como para los caballos. Si bien es cierto que la palabra disciplina puede connotar castigo, o el castigo como una manera de enseñar una lección o controlar el comportamiento, esa definición no tiene lugar en NHE. Así que cuando decimos disciplina, ¿qué queremos decir?*

*La disciplina en NHE es el autocontrol desarrollado a través de la motivación intrínseca para la expresión, el deseo de independencia y la capacidad de elegir dentro de los límites de responsabilidad y seguridad".*

Se trata, entonces, de la capacidad de escuchar lo que el otro está diciendo. Es la paciencia para esperar tu turno. Es la confianza de sumergirse en el proceso sin esperar el resultado. Es la aceptación del resultado y la serenidad para ver los errores como guías para el cambio y la mejora. Es el incentivo para tomar la diligencia paciente, como camino para lograr el ascendiente.

Como ya expliqué también en *El Silencio de los Caballos* y en otros artículos, la compresión [22] *(understand)* es un aprendizaje, en este caso, sobre las relaciones. Cuando un caballo y un ser humano están desarrollando una relación, cada uno tiene que aprender acerca del otro, así como enseñar al otro acerca de sí mismo. Por lo tanto, cada parte

---

[22] *"Atender sus necesidades encuentra como requisito comprenderlas, tener una mirada atenta. "Cambiar la mirada" implica, un poco, ponernos al servicio de sus necesidades, no ya él al servicio de las nuestras, por eso esta idea de colocarse por debajo (understand). Todo este aprendizaje sobre quién es el caballo y cuáles son sus necesidades reales. ¿Por qué uno debe colocarse debajo para poder entender? El entendimiento es, en realidad, una especie de aprendizaje sobre algo o alguien. ¿Por qué el entendimiento es una especie de aprendizaje? "Entender a alguien es –decía mi maestro–, percibir lo que el otro percibe. ¿Cuál es la diferencia entre las dos palabras, entonces? Normalmente, el aprendizaje tiene un objetivo definido, uno aprende un lenguaje, un deporte, etcétera, mientras el entendimiento es aprender el significado de las palabras de los otros, lo que significa aprender sobre sus palabras y la realidad a la cual ellas se refieren. Los caballos no poseen palabras. Para entender a un animal uno debe entender la relación entre sus acciones y su entorno. Básicamente, comprender o entender significa aprender sobre las relaciones". El Silencio de los caballos,* David Castro (2014)

"entra" y "sale" de la función de maestro y alumno, participando a veces del aprendizaje, a veces de la enseñanza. Esto exige empatía y disciplina. Nadie te puede enseñar más sobre un caballo en particular, o sea sobre sí mismo, que el propio caballo. Y te toca a ti explicarte a ti mismo bien, para demostrarle a tu caballo que eres honorable y accesible.

Desarrollamos disciplina en nosotros mismos y proponemos a los caballos desarrollarla porque, con ella, los dos ganamos libertad.

*Todos tenemos deseos y muy pocos estamos
dispuestos a satisfacerlos a costa del sufrimiento,
la incomodidad o la desgracia de otro. Creo
que esa es nuestra gran responsabilidad
como personas conscientes y respetuosas
de los caballos. Pero hay tanto ruido, tantas
justificaciones, miedo e intereses ajenos
confundiéndonos. Sólo necesitamos tener la
valentía de intentar el camino, sin
garantías, claro está, de la libertad,
el respeto y el amor.*

# El caballo y nuestro mundo

El caballo y nuestro mundo

Los artículos que vienen a continuación fueron escritos con la intención de analizar lo que yo llamo "imaginario social" (una idealización de algunos temas en relación a los indios y sus caballos, los caballos y otros animales cercanos al hombre, etc.). En la investigación de estos imaginarios creo que podemos encontrar interesantes claves sobre nuestra cultura y visión de los animales y nosotros mismos.

# Los indios y sus caballos

Existe un imaginario alrededor de la relación indio/caballo. Este imaginario está compuesto por algunas partes de realidad y otras de imaginación, presunción, romanticismo.

El cine y las novelas han ido reforzando, por su parte, esta historia con sesgos de realidad. Ya he hablado en varias ocasiones de qué tratan estas técnicas y metodologías sencillas y algo rudimentarias, pero bastante efectivas en los caballos por su violencia racionada/racionalizada.

Llegado hasta aquí, voy a ir más profundo en mi análisis y a diferenciar algunos elementos en tres temas: lo que llamo "la mística", las metodologías reales y las diferencias fundamentales. El tema de la relación indio/caballo se puede entender a partir de los dos últimos elementos.

## "La mística"

A partir de distintos agregados del cine y las novelas, la antigua relación caballo/indio sufrió cierto tipo de deformación, de enriquecimiento o, si se quiere, romantización. Esto es muy parecido a lo que ocurrió con la idea de los caballeros medievales y sus caballos, los beduinos y sus caballos árabes y otros "iconos" ecuestres alcanzados por el cine. Es comprensible, si se espera tener éxito con una novela o una película, la tendencia a exagerar un poco las virtudes o amenizar las rispideces, pues, como dice H.L. Mencken, *"es de naturaleza humana rechazar lo verdadero pero desagradable y abrazar lo obviamente falso pero reconfortante".* De ahí que una historia que exagere lo positivo o lo invente, conseguirá ser aceptada con más facilidad por el público general, pero más aún por quienes estén directamente involucrados.

Debido a las características violentas propias de la actividad ecuestre, las fantasías y romantizaciones son muy corrientes en el ambiente, pues pocos son los que soportarían observar la realidad sin esta lente color de rosa. Aun así, la moda es la moda y un elemento importante en el Mercado: hace ya tiempo que los indios han dejado el papel de "malos" en las películas para convertirse en coprotagonistas con una mística propia.

El fenómeno que hoy llamamos doma indígena, amanse, doma india o que en norte América y Europa suele llamarse *Whispering* [23], cuenta con elementos tanto de leyenda como comerciales. De todas maneras, lo que quiero exponer es que la relación indio/caballo sí tiene cosas que merecen nuestra atención y de las cuales deberíamos hacernos eco. Lamentablemente no solemos notarlas debido a esta situación fantasiosa que se ha generado y que sienta muy bien como promoción a quien dice haber incorporado en su método lo aprendido de los indios.

## Metodología y técnicas indias

No existen datos concretos ni de primera mano sobre los métodos utilizados por los indios. No hay registros escritos por ellos, ni tampoco por observadores. En ese respecto sólo podremos encontrar historias o anécdotas sobre los resultados que estos alcanzaban, sobre todo de los resultados que llamaban la atención a los viajeros o cronistas de la época, pero ninguna data detallada o registro sobre la metodología.

Podemos inferir, a partir de los distintos relatos de viajeros o estudiosos, que las metodologías de sometimiento indias eran alcanzadas más bien por *habituación* [24], que por quebrantamiento.

[23] Entre los Lakota se dice existió un clan llamado Susurradores de caballos *(horse whisperers)* dedicados a domar caballos considerados especiales, legados de Wanka Tanta. Estos caballos tenían el valor de intercambio de 30 o 40 caballos corrientes. Sin embargo, algunos aseveran que el término *horse whisperer* hace referencia a John Solomon Rarey.

[24] *Habituación* como término o concepto es una palabra engañosa, y puede, la mayoría de las veces, estar más cercana al desborde y la imposición que al acostumbramiento.

La creencia de que los indios eran más propensos a meter sus caballos en el agua para luego subirse, los relatos de la convivencia en las tolderías del animal elegido por el indio con toda su familia, como cuenta el Gral. Mansilla u otros recursos relatados por diferentes cronistas, fueron siempre parte del saber popular sobre indios y caballos de estas latitudes. El mismo José Hernández, en su libro *Martín Fierro* dice:

*…con prolijidad lo amansa*
*sin dejarlo corcoviar.*
*Pa quitarle las cosquillas*
*con cuidao lo manosea;*
*horas enteras emplea,*
*y, por fin, solo lo deja*
*cuando agacha las orejas*
*y ya el potro ni cocea.*
*Jamás le sacude un golpe*
*porque lo trata al bagual*
*con pacencia sin igual;*
*al domarlo no le pega,*
*hasta que al fin se le entrega*
*ya dócil el animal.* [25]

En Norteamérica ocurría otro tanto: la falta de registro y un sin número de historias y relatos, sobre todo de los grupos pertenecientes al llamado *Horse-complex* [26] (complejo equino), como los Indios Siux, Lakota, Cheyene y otros. En resumen, no hay fuentes o bases fidedignas como para hacer un recuento explicado de las "técnicas indígenas".

[25] *La vuelta de Martín Fierro*, José Hernández, capítulo X, versos 1411- 1424.

[26] Se denomina así a la transformación producida en las sociedades originarias con la llegada del caballo a América. A partir de la adopción del caballo, estas culturas transformaron su vida y hasta su mitología, incluso algunas de ellas aquí y en Norteamérica, pasaron del cultivo de la tierra a la caza. El caballo fue parte principal de su vida diaria, de su religión, de sus ritos.

Por otro lado, hoy día podemos encontrar numerosas personas que hacen referencia a las "técnicas" que los indios usaban y alegan haberlas incluido en su metodología.

Sin entrar en detalle de preguntarnos cómo estas personas dieron con esas técnicas o sobre la veracidad de las mismas, podemos, de todas formas, hacer una pequeña incursión analítica en ellas. Si nada se conociera sobre el *knowhow* de los indios, no perderíamos nada, aunque enriqueceríamos nuestro análisis en caso de que fuera cierto lo que hacen los modernos herederos de los domadores indios. [27]

Enunciaré aquí algunas técnicas que distintos *horsemen* y domadores dicen haber rescatado o aprendido de los indios:

• Atar al caballo: se enlazan sus patas, manos y/o cabeza para voltearlo, y una vez inmovilizado en el piso se acuestan encima del animal o realizan "pruebas" similares.

• Encerrarlo en lugares pequeños para manosearlo: Se encierra al caballo en jaulas, bretes, mangas o corrales pequeños para inmovilizarlo y se aprovecha para poder tocarlo o colocarle un bozal o una soga al cuello que lo haría más susceptible de ser controlado.

• El uso del agua: Hay dos maneras conocidas: 1. Se conduce al caballo dentro del agua hasta por encima del vientre para montarse encima. 2. Se le arrojan baldazos de agua mientras está encerrado o mientras se lo sujeta con una soga (o lo mismo puede ser hecho rociándolo con una manguera).

• *Roundpening:* Se encierra al caballo en un corral circular y se lo obliga a correr en círculos hasta cansarlo por stress físico, psíquico o ambos.

• Desbordamiento: esto puede realizarse de muchas maneras. Es más, la mayor parte de lo antes mencionado sería un ejemplo. Se produce cuando se le impone al caballo un estímulo, generalmente uno que le produce miedo o rechazo (llamado estímulo aversivo) hasta rebasar las capacidades del caballo de resistir y reaccionar a ese estímulo.

---

[27] Podríamos, en este caso también, separar la veracidad del origen de las técnicas y resaltar la buena intención y la honrosa tarea de reivindicación indígena de algunos de estos renombrados domadores.

• Conducción o control a través de cabezadas o bocados no metálicos
como bozales de hilo, bocados de cuero o cuerdas, por ejemplo los
llamados *wican* entre los Siux, los cuales se atan en las partes más sensibles
de la cara o la mandíbula del animal de manera de poder producir con ellos
un dolor (entre fuerte y moderado) que permita el control a partir de riendas
o sogas amarradas a estos adminículos.

En resumen, sin golpes fuertes o directos, la mayoría de las técnicas
se basan en estímulos aversivos, reforzamientos negativos y el uso de la
comúnmente llamada técnica de presión-libreración. La efectividad de esta
metodología es alta pero lo único que las diferencia del modo tradicional es
el menor grado de violencia física apreciable.

## Las diferencias fundamentales

Voy a ir directo a mi punto:

1. Entender por qué la relación indio/caballo fue, en esencia, algo distinta
a la del blanco (europeo o de cualquier otro continente) es, desde muchos
puntos de vista, más valioso que conocer sus técnicas, ya que estas, como
todas las técnicas antiguas, también estuvieron imbuidas del "salvajismo" y
el trato violento de cada época/cultura, a pesar del romanticismo con que el
cine las ha barnizado. Su análisis encierra un tema que no solo involucra al
caballo y nuestro interés por someterlo, sino que nos lleva indefectiblemente
a la necesidad de comprender la visión que tuvieron nuestros paisanos, los
indios, sobre la naturaleza.

2. Si es que existieron, las técnicas y recursos violentos, enumerados
anteriormente, son "comprensibles" en el marco histórico apropiado. Hoy
día, en la búsqueda de una relación respetuosa, se hacen incomprensibles
e intolerables durante el trabajo de educación de un caballo, donde ese don
de participación y obediencia que el caballo es capaz de dar, debe sernos
dado voluntariamente, como un regalo. Solo así podemos llamar amístosa o
respetuosa a la relación sin caer en eufemismos.

## Al rescate de la manera de los "salvajes"

Hoy, el tema del deterioro del medio ambiente, del calentamiento global, de cómo nuestra civilización está acabando con los recursos, de la cultura del consumo, está tan en vigencia, que revalidar el acercamiento de los indios al medio ambiente como un ejemplo de la riqueza de su saber, es otra de las cuentas pendientes que tenemos con la historia y las raíces del patrimonio indígena, mosaico cultural de esta parte del continente. Tal vez esto nos lleve a reflexionar sobre nuestros caminos de relación con la naturaleza, los caballos y otros animales en general.

Algunas pautas para entender lo verdaderamente "diferente" de la actitud del indio hacia el caballo son:

1. La íntima identificación con el universo natural/animal

Como nos cuenta Francesco del Giorgio, desde la Zooantropología. *"La zoomímesis es algo que siempre ha pertenecido a lo humano, principalmente a nuestras facetas más arcaicas y tribales. Podemos pensar en miles de culturas indígenas de todo el mundo que han hecho de la mímesis un lugar de culto y celebración en lo que respecta a la naturaleza y la Otredad."*

La mayoría de los pueblos cazadores recolectores tenían y tienen rituales o ceremonias en donde los participantes encarnan al animal. Por lo general estas no eran representaciones o teatralizaciones pues cuando un pigmeo, durante un ritual, encarnaba a un elefante, él no representaba al animal, él era el elefante.

2. El Pacto animal

Dentro de las culturas cazadoras, tanto las antiguas como las que aún permanecen en algunos rincones de la tierra, suele hallarse una creencia particular que se repite con distintas formas, nombres o escenarios. Esta es llamada por los estudiosos el Pacto animal. Sea cual sea la veracidad que le atribuyamos a las historias que pueblan las creencias de nuestra cultura o de otras -como por ejemplo los indios de las praderas, esquimales, Puelches u otros- etnógrafos, antropólogos, estudiosos y compiladores de mitos y leyendas han encontrado una y otra vez esta historia que relata el acuerdo entre los hombres y los animales. Este pacto con la naturaleza es un acuerdo de respeto mutuo que puede verse en varias versiones antiguas y modernas. Solo tenemos que recorrer las leyendas y mitologías con ojo despierto para encontrarlo. La danza del Bisonte, la leyenda del cocotero, las modernas historias en el cine como Pocahontas de Disney o Avatar de Cameron.

La misma esencia, pero con distintos personajes y escenarios en cada época y cultura: una historia que relata cómo, a través de un pacto entre el hombre y la naturaleza (representada por algún animal, planta o ser misterioso y místico), esa cultura en particular, acepta su lugar en la trama del ciclo de la vida, en el mundo natural. El pacto es simple, la naturaleza le permite al hombre alimentarse y, a cambio, el hombre debe respetarla y permitir que esta se perpetúe. Dentro de las culturas cazadoras, el animal en cuestión se "dejará cazar" para alimentar al pueblo hambriento a cambio de que los hombres con su "magia" (con su danza, en el caso del Bisonte, por ejemplo) lo hagan revivir. Dentro de las culturas recolectoras y agrícolas, el hombre maíz o el muchacho cocotero, luego de enseñar a los hombres ciertos conocimientos y rituales, deben ser desmembrados y enterrados y la tierra alimentada para poder renacer y dar frutos en forma de palmera, espiga, maíz.

*…cuando nuestros primeros antepasados se contaban historias sobre los animales que mataban para comer, y sobre el mundo sobrenatural al que los animales parecían ir cuando morían. "Allá afuera, a lo lejos", más allá de la llanura invisible de la existencia, estaba el "señor de los animales", que tenía poder sobre la vida y la muerte de los seres humanos: si él dejaba de mandar más animales para que volvieran a ser sacrificados, los cazadores y sus familias morirían de hambre. Así fue como las primitivas sociedades supieron que "la esencia de la vida está en que se vive matando y devorando; ése es el gran misterio sobre el que tratan los mitos". La caza se convirtió en un ritual de sacrificio, y los cazadores, a su vez, realizaron actos de expiación para con los espíritus de los animales, con la esperanza*

*de convencerlos de que volvieran para ser sacrificados otra vez. Los animales eran considerados enviados de ese otro mundo, y Campbell aventuró «un acuerdo mágico y maravilloso" entre el cazador y la presa, como si ambos participaran de un ciclo "místico e intemporal" de muerte, entierro y resurrección.*

*Cuando estos primeros pueblos pasaron de la caza a la agricultura, cambiaron las historias que contaban para interpretar los misterios de la vida. Ahora fue la semilla la que ocupó el lugar como símbolo mágico del ciclo sin fin. La planta moría, y era enterrada, y su semilla volvía a nacer. A Campbell le fascinaba el modo en que este símbolo era retomado por las grandes religiones del mundo como la revelación de la verdad eterna: que la vida proviene de la muerte o, en sus palabras, "del sacrificio, la bienaventuranza".* [28]

Este pacto deviene del reconocimiento del otro, del respeto mutuo, del reconocimiento de la otredad como algo con los mismos derechos que nosotros a vivir, pero también del reconocimiento (aceptación) de la verdad ineludible del ciclo biológico: la vida vive de vidas. Todos somos lo mismo para las culturas cazadoras, en donde animal y hombre son iguales. Uno no es inferior o superior al otro. La vida se manifiesta aquí, con esta forma, allá, con otra: el animal que cazo y yo, somos lo mismo. Luego, ustedes ven la misma actitud en las culturas agrícolas hacia la planta principal de su sustento. Como el animal para un cazador, el animal, que es el principio animal de esta vida, es el animal principal, de modo que cuando las plantas crecen, las plantas principales también son santificadas.

Aquí en América están los mitos de los indios Pueblo y Huichol en México, que cuentan de los moledores de maíz: en uno de esos mitos, la madre del joven héroe le pide a una mujer que muela el maíz, y a medida que ella lo muele, su propio brazo desaparece. Y ella desaparece. Ella se muele a sí misma. Toda nuestra vida está sustentada por el misterio de la

---

[28] Bill Moyers, en el prólogo de *El poder del Mito*, de Joseph Campbell.

vida y todas las cosas que comemos, sean vegetal o animal, es la vida que se nos da a nosotros: esa vida será tu propio ser, será tu propia sustancia.

## En la tierra: Ser o Tener

*- ¿Cómo se llama?*
*- Me llamo Kalfuqueo y tengo noventa y un años, según dicen.*
*- Y usted, ¿qué dice?*
*- Yo digo que tengo los años de la tierra, porque el mapuche forma parte del paisaje. Naturaleza y hombre es uno y a la vez distinto. Pero, ¿por qué pregunta cosas que sabe?*
*- Porque le quiero hacer un reportaje y mucha gente lo puede leer y escuchar sus palabras y conocernos más.* "Dos oídos y una lengua", de Nahuel Maciel [29].

El indio era y se sentía parte de la naturaleza, de este universo de poderes naturales y, conviviendo en armonía con ella, tomó al caballo como un regalo de la Tierra y lo recibió como todo lo que la tierra o el cielo le

[29] En "Dos oídos y una lengua", entrevista a Kalfuqueo en su propia lengua y dice: *...sería bueno tener una escuela que enseñe en nuestro idioma, en nuestra costumbre, y respete nuestros pensamientos, que hable de nuestros problemas, que cuente nuestra historia. Que la escuela esté organizada por el mapuche, alrededor de nuestro trabajo. Nuestro trabajo no es para uno sino para todos. Una escuela que enseñe a vivir como vive el mapuche y no que nos enseñe a ser peón de estancia o jornalero.*
*- ¿Por qué cree que es importante conocer la historia?*
*- Porque la historia nunca hay que negarla. Parece que a muchos huincas les da miedo la historia, yo no sé, pero tenerle miedo a la historia es como tenerle miedo al tiempo, al ayer, al hoy, al mañana. Conocer la historia no es vivir como antes, como el pasado antiguo. Conocer la historia es ir para adelante y avanzar hacia el futuro, así me enseñaron mis mayores. Yo tengo muchos pensamientos para hacer mañana o para después de mañana, según el tiempo, y esos pensamientos vienen después de hoy. Yo no le tengo miedo al tiempo, ni al pasado, por eso puedo conocer la historia. La historia es uno con otro, la historia es importante porque habla de uno, de lo bueno y de lo malo de uno. Y así uno va arreglando el fondo de los errores y ya no se vuelve a equivocar en el mismo lugar y con la misma cosa. Los mapuches siempre decimos que cuando una persona se equivoca, lo más importante no es eso, sino que corrija su equivocación.*
*Así cada día uno es mejor que el día que ya pasó.*

daban, lo compartió y lo respetó como otras bondades y dones del universo y lo incluyó en su cosmogonía.

El indio era cazador, pero la cosmovisión de los pueblos originarios era muy distinta a la del cazador "civilizado" o la del hombre moderno.

La actitud del indio hacia sus presas, que eran para ellos entidades de poder y aceptaban voluntariamente ser cazadas, exigía una continua disposición de respeto: no había explotación posible, solo un pedido de ayuda a los animales para poder congraciarse con ellos, que se dejen atrapar y, así, poder sobrevivir.

Al principio, el caballo fue presa, pero ante la posibilidad de compenetrarse con ese poder, esa velocidad, esa fuerza, no solo lo cazó por la carne, sino por su potencia y sus dones, lo ritualizó, bebió su sangre en busca de esa energía, de esa comunión. Fue así aprendiendo su comportamiento, su naturaleza, al encuentro de ese espíritu y para imitar su poderío. Admirándolo, lo respetó y lo fue conociendo. Así comenzó la relación caballo/indio. La idea no fue quebrantar ese poder, sino pedirlo, ganarlo, incluirlo, merecerlo, pues sabía que no había otra manera. Todo lo que el caballo tenía y era, lo podía dar y enseñar, compartir. Su conexión no fue materialista; fue espiritual. Fue esa característica, que trascendió en su trato con el caballo como compañero, que produjo esa comunión tan especial y única. Esta asociación con el caballo le traía beneficios y comodidad. [30]

## Conclusión

La mímesis y el "pacto animal" han sido siempre los modos del cazador-recolector, del hombre no conquistador, no domesticado, del desposeído, de quien no quiere poseer para sí los tesoros de la tierra, los animales o los

---

[30] Probablemente esta asociación haya marcado también en algunas culturas el fin de esta cosmología y el comienzo de los modos relacionados a los pueblos que domesticaban y/o se apropiaban de los animales.

árboles del bosque. Muy lejana está ahora la psiquis del hombre moderno de este estado, sea cual sea su cultura o su ascendencia.

El simple hecho de haber perdido el "lado salvaje" nos expulsa automáticamente del "Edén", de la eternidad, del eterno presente del animal, del lobotomizado o del idiota. Lejos estamos de los días en que nuestros hermanos originarios, nuestros ancestros, los primitivos, poseían el secreto de la lengua de las tribus animales.

En lo personal, las prácticas ecuestres de mis comienzos fueron las de la doma india (de Argentina). Con el tiempo llegué a darme cuenta de qué era lo que yo buscaba o, para decirlo de manera inequívoca, qué era lo que yo esperaba encontrar. Mi conocimiento de la visión del hombre primitivo, teñido del romanticismo con que uno suele, a veces, envolver los anhelos o búsquedas personales, estaba obstaculizando mi acceso directo a la experiencia. Las justificaciones ya no me ayudaban. Tuve que enfrentar la realidad: el caballo no tenía en su aura, en su esencia, destino de binomio mágico (de centauro) y mucho menos de servidumbre. La doma india era simplemente más dominación.

Nuestros paisanos, los indios, podrían haber reclamado, en su salvajismo -en su estado "salvaje" y, por esto, más cercano a "lo natural"-, algo de ese derecho de dominio del caballo para sí mismos, pues poseían ciertos "tabúes" y estaban "obligados" a tratar al caballo como a un igual, como expliqué anteriormente.

Lenta, pero obstinadamente, me llegó la certeza de que ese estado de conexión, de inocencia -lo mismo que el de nuestra niñez-, no podía ser revivido del pasado, de la leyenda o del mito, sino que debía ser realcanzado a través de nuevos caminos, pues los viejos puentes habían sido ya destruidos por el tiempo y la cultura.

Me parece importante decir que nosotros, de quererlo, tenemos la perspectiva necesaria para el análisis y el cambio tan vital, no sólo en relación con los caballos, sino también con la naturaleza, con el misterio de la vida y el tiempo. Inspirado en las palabras del mapuche Kalfuqueo sobre la historia y la posibilidad de crecer a partir de ella [31], intento, en el estudio de nuestro patrimonio cultural, el rescate de valores que nos pueden ayudar a enmendar el pasado, convirtiéndolo en un mejor futuro.

Si respetamos a los caballos, es solo darnos cuenta de que no podemos controlar ese don que no puede arrebatarse, que tiene que ser dado, que debemos prepararnos y capacitarnos para recibirlo y no para coaccionarlo, y comprender, como en el cuento de la gallina de los huevos de oro, que al forzarlo, lo perdemos.

[31] Ver nota 29

Es normal que algunas personas piensen que todos los animales que catalogamos de mascotas o domésticos son parecidos. Esto podría deberse a que, al estar todos ellos dentro de lo que llamamos el grupo de nuestras mascotas o animales de compañía, en general, no hay gran discriminación respecto de cual es la condición natural de vida de esas especies y solo se las percibe y define en función del rol que cumplen junto al ser humano. En el libro *El silencio de los caballos,* expliqué qué es la domesticación y traté el tema en relación a los animales en general y su definición respecto del caballo. El siguiente artículo ahonda en la importancia de nuestra comprensión respecto de estos temas cuando somos estudiosos, amantes de los animales o profesionales que opinamos sobre mascotas, etología o adiestramiento.

# La sonrisa del caballo

Carta abierta a los veterinarios, caballistas, proteccionistas y otros profesionales animales humanos que trabajan por el bienestar de otros animales no humanos.

*A los animales que hemos vuelto nuestros esclavos, no nos gusta considerarlos nuestros iguales.*
Charles Darwin

# El mejor amigo del perro

Hace un tiempo traté de explicar en un artículo que las tareas que normalmente pedimos y esperamos de nuestros perros (cazar, arrear, cuidar su casa o territorio, rastrear objetos o personas, atacar, etc.) tienen principalmente raíces en comportamientos naturales de los cánidos; en cambio, lo que normalmente pedimos y esperamos de los équidos (el transporte de personas y/o cosas en su lomo, tirar de objetos y cargas o arrastrarlas, la vida en habitaciones, etc.) no lo tienen y es bastante ajeno -no imposible- a su naturaleza.

A estas diferencias, llamémosles "de función" o "de rol", deberíamos sumarles que el perro es, por decirlo de alguna manera, un diseño humano: debido a su maleabilidad genética [32] y a la fuerte intervención que viene

[32] *Entonces, ¿cómo se explica la rápida aparición de muchos tipos de perros en los últimos 200 años, un abrir y cerrar de ojos para la evolución? Un grupo de científicos de la UT Southwestern que combinó gran cantidad de datos genéticos de diferentes razas de perros con los datos sobre las formas de los cráneos de perro utilizando programas informáticos desarrollados por el biólogo evolutivo Dr. John Trey Fondón han ofrecido una curiosa explicación de por qué los seres humanos fueron capaces de transformar perros fácilmente. El equipo del Dr. Fondón recogió muestras de sangre de más de 90 razas de perros y se secuenció el ADN en un esfuerzo por averiguar qué mutaciones o cambios en el ADN son responsables de darle a las razas de perro un aspecto tan diferente unas de otras. Los investigadores notaron algo fascinante: hay regiones específicas en las cadenas largas del código de ADN del perro que son propensos a la mutación llamadas Secuencias repetidas en tándem. Estas repeticiones en tándem son como una sola palabra que se repite varias veces dentro de una frase, por ejemplo, ACACACACAC. Han identificado lo que ellos creen que es un mecanismo de mutación genética y responsable de los cambios evolutivos rápidos del perro.*

*(...) Los investigadores llegaron a la conclusión de que las mutaciones que ocurren en estas repeticiones en tándem explican por qué hemos sido capaces de cambiar el perro de una generación a otra con tanta facilidad. (...)mientras que todos los seres vivos tienen repeticiones en tándem en sus genes, el perro tiene mucho más que la mayoría. ¿Es esta alta proporción de repeticiones tándem en perros el resultado de los esfuerzos de cría selectiva del hombre, o existía antes de la fecha de domesticación? Para responder a esta pregunta, los científicos ampliaron su estudio a otros cánidos o mamíferos miembros de la familia canidae que incluyen perros, lobos, zorros y coyotes. Lo que encontraron fue que los lobos también poseen esta característica, así como coyotes, zorros colorados y zorros grises. Pero en cuanto se analiza un paso evolutivo más, la secuencia de un oso, una mofeta o un mapache, se ha ido. La ausencia de secuencias en tándem en estos otros mamíferos puede explicar por qué podemos cambiar el aspecto de una vaca un poco, pero básicamente siempre se ve como una vaca. Una vaca no desarrolla patas cortas y gruesas o una cola rizada.* University of Texas Southwestern Medical Center At Dallas. "Research Points To New Theory Driving Evolutionary Changes." ScienceDaily 24 December 2004. 17 December 2008 http://www.sciencedaily.com / releases/2004/12/041219192823.htm

haciendo el ser humano en los cánidos desde tiempos inmemoriales, hemos logrado en los perros una gran adaptación a los distintos usos y funciones que brinda la cría de este animal. Esto ha resultado en beneficio de los intereses de ambas especies *(homo y canis)*, cosa que no ha sido posible lograr con los caballos. Todavía, y a pesar de la milenaria selección e intervención humana en la familia *equidae*, no se "ha creado" un caballo al cual el encierro permanente en un box o el peso del jinete no le causen algún tipo de daño.

Por eso, debemos entender y prestar suma atención a los procesos de domesticación de ambos y a la realidad de los hechos que estos encierran. Hay similitudes entre perros y caballos: ambos son mamíferos, gregarios, juegan durante toda la vida, han vivido desde milenios "junto" al hombre y ha habido una gran intervención humana en la genética de ambas especies, aunque, obviamente, con resultados distintos.

Entonces, ¿cuál es la gran distinción cuando me refiero a "las diferencias" entre los perros y los caballos?

## El imaginario social

*Aquí reposan los restos de una criatura que fue bella sin vanidad, fuerte sin insolencia, valiente sin ferocidad y tuvo todas las virtudes del hombre y ninguno de sus defectos. Este elogio sería insignificante sobre cenizas humanas.* Lord Byron

Quiero pasar a analizar brevemente qué pensamos sobre los perros y los caballos y qué es lo que realmente sabemos de estas especies.

Este es un fragmento de la entrevista en el programa radial "Mañana tarde noche" a la veterinaria y homeópata Anahí Zlotnik, especialista en masajes y comunicación con caballos:

*Periodista MTN: Anahí, ¿qué similitud hay entre un caballo y el perro en cuanto a sus conductas? Porque sabemos que los caballos son buenos amigos (amistosos), tienen una cierta forma de paciencia, tienen buenas*

*intenciones... los caballos son amigos del ser humano. Y creo que en eso tienen mucho que ver con el perro, por ejemplo.*

*Vet. Anahí Zlotnik: Los perros y los caballos -como están diciendo muchas personas, y creo que había un Santo que decía: "son personas no humanas"- tienen personalidad. Yo creo que es la compañía de un perro, la compañía de un caballo... la lealtad de un perro, la lealtad de un caballo. Hay cosas que comparten, muchísimo. Hay otras que no: el perro es un predador, el caballo es una presa. El perro es muy alegre, siempre te mueve la cola si está contento, viene y te saluda. El caballo es un animal más introvertido, más para adentro, como más serio.*

Hay, pues, una visión popular, tal vez más bien un sentimiento colectivo respecto de los perros y los caballos. Así como también, por supuesto, existen opiniones más especializadas de veterinarios y *behavioristas.* Pero en ambos casos tengo la sensación de que algo se escapa a la mirada sobre sus similitudes y diferencias. Me parece ver una dificultad para abstraerla de la gran afición que las personas han tenido desde tiempos inmemoriales por ambas especies, como puede apreciarse en las reflexiones más arriba citadas de la veterinaria Zlotnik. Una similitud entre ambos, respecto de la cultura humana, es que, donde han estado presentes tanto perro como caballo, se han diferenciado mucho de otros animales domésticos en cuanto a la valoración, los "servicios" y la participación de ambas especies en la historia de la humanidad. Al pensar en el "gran aporte de la especie equina" a la cultura humana, no podemos menos que igualarlos a los perros. Pero, observando de cerca las diferencias entre ellos, podremos apreciar someramente que el "aporte brindado" por ambas especies a nuestras tareas domésticas significó para cada una de ellas algo muy distinto.

## Algunos datos, tal vez no tenidos en cuenta, sobre los perros

El Dr. Adam Miklosi de la Universidad de Eötovos Lorand en Hungría propone que los perros han evolucionado con nosotros y, en alguna medida, nosotros con ellos. Han evolucionado (o más bien los hemos ido seleccionando, mediante eugenesia [33]) para satisfacer nuestras necesidades en el trabajo, en lo afectivo, en lo económico y hasta en nuestros parámetros estéticos. Esa evolución ha variado mucho al perro diferenciándolo, por ejemplo, del lobo en varios aspectos. Como uno de los aspectos más relevantes para remarcar podemos decir que, al parecer, los perros estarían genéticamente seleccionados para integrar una manada junto al humano con capacidad de imitación, comunicación sonora, dependencia y comprensión gestual mayores que los lobos, con quienes se los suele comparar a menudo. Pero la realidad es que no hemos agregado nada original respecto de los otros cánidos, pues siguen manteniendo sus características esenciales y son éstas las que, a diferencia del caballo, hacen su vida de "mascota" o "compañero de trabajo" más fácil.

A continuación, para demarcar mi análisis, brindaré una secuencia de contenidos a tener en cuenta junto a un cuadro comparativo:

• El perro *(canis lupus familiaris)* ha evolucionado gracias a la exhaustiva selección genética humana y a una capacidad de mutación que solo parecen poseer los cánidos, como ya se ha aclarado.

• Esta evolución, entre otras cosas, nos ha dado una especie adaptada a nuestras necesidades de trabajo, compañía y comunicación.

• Lo básico para esa adaptación ya estaba en el perro.

• El modo de vida en los perros es social como en los équidos, pero básicamente distinto al de estos últimos, pues en los perros es, entre otras cosas, bastante jerárquico, territorial y sedentario (viven en cuevas, madrigueras, casas o cuchas).

• Los trabajos que les asignamos a estas dos especies son diferentes entre sí y en lo relativo a cómo afectan sus capacidades psicológicas naturales. Por ejemplo, a los perros les encomendamos tareas similares a las que los cánidos ejecutan en estado salvaje o habilidades sociales más complejas que la simple domesticación.

---

[33] Aplicación de las leyes biológicas de la herencia a la manipulación de ciertas características en una especie animal (o humana).

**Tabla correlativa entre las actividades y habilidades de los cánidos**

| Actividades | Tareas/habilidades en la vida doméstica |
| --- | --- |
| Caza y acecho. | Arreo, pastoreo, rastreo. |
| Territorialidad, ataque y defensa. | Guardia, lucha, vigilancia. |
| Sociabilidad, dependencia de la manada. | Compañía, consuelo, fidelidad, afecto. |
| Comportamiento lúdico en adultez, estrechos lazos entre individuos. | Grandes posibilidades de entrenamiento, obediencia y adaptación. |
| Inteligencia, sentidos desarrollados, aprendizaje por imitación, posibilidades varias de vocalización. | Fácil comunicación vocal y gestual, mutuo entendimiento sin entrenamiento previo. |

No estoy diciendo que algunas de estas habilidades (básicamente las tareas son diferentes a "su naturaleza") no estén entre los equinos, pero el grado de desarrollo es distinto y recién en los últimos años hemos dedicado una mirada seria en esas "habilidades equinas". En todo caso, la situación comparativa más común entre la vida salvaje y la vida doméstica de los caballos, sería esta:

## Tabla correlativa entre las habilidades y actividades de los caballos

| Vida silvestre | Domesticación/cautiverio |
|---|---|
| Contacto continuo e interacción con otros de su especie. | Poco contacto o aislamiento, soledad, encierro. |
| Jerarquías moderadas por la dinámica grupal y la amplitud de espacio y recursos. | Sumisión absoluta a los humanos. Escasez de recursos, lo que produce una competencia antinatural con otros caballos. |
| Dieta variada, alimentación *ad libutum* durante todas las horas necesarias (entre dieciseis y diecinueve horas diarias). | Alimentación restringida o discontinua y pobre. |
| Acción momentánea de cubrirse con fines reproductivos o lúdicos solo por breves minutos o segundos. La monta directa no existe, siempre requiere del acuerdo entre individuos. | Arrastre de objetos y/o transporte de personas en su lomo durante largos períodos, horas, incluso días (es dañino, doloroso e incómodo en casi todos los casos). |
| Vida en espacios abiertos y continuo movimiento. | Vida sedentaria y en espacios muy reducidos. |
| Total disponibilidad y control de su cuerpo. | Control de parte del humano, forzado o inducido por dolor. |
| Comportamiento lúdico en adultez. | Represión, mala interpretación. |
| Estrechos lazos entre individuos. | Continuas separaciones y movimientos de caballos de un lugar a otro y, con suerte, de un grupo a otro. |
| Inteligencia, sensibilidad. | Exposición a violencia física o psicológica. Trato injusto e irrespetuoso. |
| Sentidos desarrollados, aprendizaje por imitación, posibilidades varias de vocalización. | Insensibilización. Indefensión aprendida. Incomunicación. |

En resumen, lo que esperamos del perro ya estaba en su naturaleza y lo que no, nosotros lo produjimos y por esto es casi imposible dañarlo durante la domesticación (*dome* = *domo* = casa). Respecto a la violencia que los perros soportan de los humanos, para comprender esta actitud "sumisa", me atrevo a señalar las siguientes razones:

1. Los modos "agresivos" de los cánidos para resolver las diferencias entre ellos, aunque también esto pueda ser un mito de la etología que durante muchos años vio en los lobos y otros cánidos seres agresivos y feroces.

2. El hecho de que ellos forman una manada (familia) junto a otras especies y por esto los humanos somos su familia -un ejemplo sería que un niño siempre va a perdonar a sus padres (hasta cierta instancia) por más golpes que reciba-.

3. La fuerte y necesaria estructura jerárquica, la sumisión y la agresión, y las conductas inhibitorias asociadas a esta (también me gustaría dejar abierta aquí la posibilidad de que nuevas investigaciones nos lleven a otras conclusiones).

4. Tanto nosotros como los perros somos predadores.


## La nobleza del caballo y la fidelidad del perro, entre el antropomorfismo y la poesía

*Inglaterra es el paraíso de las mujeres, el purgatorio de los hombres y el infierno de los caballos.* John Florio (1553-1625), humanista inglés.

Con lo que conocemos sobre los caballos y lo que implica o ha implicado hasta ahora el proceso de domesticación de los équidos para ponerlos al servicio del hombre [34], creo no necesitar decir que nuestra relación con ellos dista mucho de ser llamada simbiótica. La idea del

[34] Ya he explicado este tema con detalle en el libro *El Silencio de los caballos.*

hombre, su fiel perro y su noble corcel es muy tentadora, pero nosotros sabemos todo lo que le ha costado al caballo ese imaginario social. El perro puede haber sido "el mejor amigo del hombre", pero al caballo le ha tocado ser el mejor esclavo. Esta aseveración debe quedarnos bien clara, pues está probada más allá de nuestras fantasías románticas: **ninguna de las cosas que hemos demandado del caballo es apropiada a su naturaleza o está relacionada con sus necesidades.**

*"La grandeza de una nación y su progreso moral pueden ser juzgados por el modo en el que se trata a sus animales".* Mahatma Gandhi

Para finalizar, si bien la comparación entre el perro y el caballo me ha servido para que se "comprenda" un poco más la naturaleza y domesticación/cautiverio de este último, el perro, como tantas otras

especies, no la está pasando tan confortablemente como el común de
la gente cree [35]. Es por esta razón que siento que la comparación entre
cánido y équido debe ser llevada a cabo con cierta delicadeza por quienes
apreciamos las similitudes y gustamos de las comparaciones. La poesía
y la metáfora son valiosas maneras de expresión, los animales necesitan
hoy, desesperadamente, de nuestra comprensión de su situación real.
Inspiremos, pues, a los demás, sensibilizándolos con poesía, generando
empatía, simpatía y compasión hacia ellos. Pero si trabajamos con animales,
a favor de ellos, por su bienestar, es nuestra responsabilidad el estudio y
la comprensión –o, en todo caso, el reconocimiento de nuestra ignorancia
sobre algunos temas–, pues la situación general de las especies que
conviven con nosotros ya no soporta tanto diletantismo.

[35] Pueden encontrar más información en la bibliografía al final del libro.

# Para aprender a levantarnos

Hace un tiempo tuve una interesante charla con un par de personas estudiosas y amantes de los animales. La conversación versó sobre variados temas, como el trauma, el sufrimiento, el daño, las capacidades de adaptación y supervivencia y la habituación. Enfocamos la charla en mamíferos sociales como el perro y el caballo y, por supuesto, los humanos; hablamos de las diferencias entre las tres especies y de las capacidades de cada individuo para enfrentar las situaciones antes mencionadas.

Mi punto volvió a ser el mismo que el de tantas veces que me encuentro en conversaciones con gente que trabaja con animales; yo digo que no hay tantas diferencias psicológicas de fondo entre perros y caballos. Es cierto que unos comen carne y otros pasto como una de las diferencias esenciales, pero a lo que me refiero va más allá de eso: lo que yo digo es que todos sufren (sufrimos) el daño, padecen el dolor, aprecian el cariño, el respeto y el buen trato. Al igual que con los seres humanos, solo falta entender cada una de estas palabras en referencia a cada una de estas especies e individuos.

Al parecer me encuentro de nuevo con el "mecanismo social necesario" para negar la propia "empatía hacia nosotros mismos", el mecanismo que trata de justificar lo que nos han hecho y lo que vivimos en una sociedad indiferente a los daños infligidos por ella hacia sus integrantes, sobre todo hacia los más débiles. Claro que una sociedad basada en el principio de la dominación requiere de cierta fortaleza en sus miembros, sea en el rol de dominante como en el de dominado. ¿Por qué es tan difícil no quedar atrapado en ese mecanismo?

Varios autores y estudiosos como Casilda Rodrigáñez y James Prescott explican esto mismo que, en palabras de la escritora Laura Gutman, dice:

*La privación del placer físico sensorial durante la primera infancia es la principal causa de la violencia social. La violencia en gran escala solo acontece en las culturas y comunidades en las que somos represivos con los niños y por supuesto en las que también reprimimos la vida sexual en general. Lamentablemente tengo la sensación de que aún no estamos listos para mirar de frente la sistematización del abuso porque tendríamos que cuestionar el surco completo con la lógica que lo sostiene para percibir el autoritarismo, el maltrato y la dominación de los más fuertes sobre los más débiles. Esta organización la ha sistematizado el patriarcado, con el objetivo de dominar y acumular bienes. Las guerras son parte necesaria de este sistema que es obligatoriamente fratricida, es decir, necesita que los hermanos nos matemos unos a otros con el fin de obtener territorio, ganancias o poder. Para ello, precisamos generar guerreros, es decir, seres insensibles y capaces de matar. Eso es algo muy fácil de lograr: simplemente negándoles a los bebes y niños pequeños el cuerpo materno y el placer que ese contacto conlleva. Si el niño sufre en la medida suficiente, luego será capaz de reaccionar con ira para lastimar y dominar a otros.* De Laura Gutman, *La privación del placer y la violencia.*

Encuentro que se confunde resiliencia con sobreadaptación o negación del sufrimiento y que continuamente se justifican las actitudes injustas, prepotentes, insensibles, "no simpáticas", que todo gesto de simpatía se considera debilidad o sensiblería en una sociedad que cree que la sobreadaptación a los golpes o las injusticias, al abandono o a la indiferencia es lo mismo que la resiliencia o que, en todo caso, la generan.

*Podemos huir de una agresión externa, filtrarla o detenerla, pero en aquellos casos en que el medio se halla estructurado por un discurso o por una institución que hacen que la agresión sea permanente, nos vemos obligados a recurrir a los mecanismos de defensa, es decir, a la negación, al secreto o a la angustia agresiva. Es el sujeto sano el que expresa un malestar cuyo origen se encuentra a su alrededor, en una familia o en una sociedad enferma. La mejoría del sujeto que sufre, la reanudación de su evolución psíquica, su resiliencia, esa capacidad para soportar el golpe y restablecer un desarrollo en unas circunstancias adversas, debe procurarse, en tal caso, mediante el cuidado del entorno, la actuación sobre la familia, el combate contra los prejuicios o el zarandeo de las rutinas culturales, esas creencias insidiosas por las que, sin darnos cuenta, justificamos nuestras interpretaciones y motivamos nuestras reacciones.* Boris Cyrulnik

El concepto de resiliencia no habla de "superar" el daño a partir de la negación o la minimización de este, sino de la comprensión y contención afectiva del entorno. El mecanismo social se repite una y otra vez: *"no importa", "no es nada", "y bueno, ya está", "«dejalo» que tiene que aprender que no es nada fácil", "hay cosas peores".*

La famosa frase *"«levantate» que no es nada"* es la más suave que venimos escuchando desde niños y resume la directiva, desde muy pequeños, a negar lo que sentimos como sujetos sanos. Sin embargo, mucho más positiva me parece la frase de esa película en donde un padre le dice a su hijo mientras le tiende la mano: *"¿Por qué caemos, Bruce? Para aprender a levantarnos".*

¿Recuerdan esta frase de Nevzorov?

*Un simple análisis como, "cuando hago lo que hago, ¿qué siente él?", es el camino más corto al corazón de los caballos y a una efectividad fantástica en su educación. Pero la pregunta: "¿qué siente él?", deberíamos responderla honestamente. Con una honestidad extrema. Y de la honestidad de esta respuesta, los amantes de los caballos y deportistas huyen corriendo como de la plaga.* Alexander Nevzorov.

La verdad es que yo creo que la razón por la cual la mayoría de las personas no pueden hacer este "simple análisis" es que hemos perdido esa capacidad desde niños por distintas razones. Cuando hago lo que hago, ¿qué siente él? Ese "él" puede ser otra persona o nosotros mismos, pero, en todo caso, hemos perdido la capacidad de conectarnos de esa manera, empáticamente, con nuestro lado sensible o con los demás. A los que todavía sienten incomodidad y no les convencen las excusas de los expertos en doma, masajes, comunicación con caballos, etología, coaching, entrenamiento u otros tipos de disciplinas similares que se dedican a usar al caballo o a tratar de torcer, manipular o quebrantar la voluntad de este para lograr así su obediencia y su necesaria y obligada participación en la actividad deseada, les aconsejo que no se desoigan, pues es con esa misma sensibilidad que podrán luego "oír" a los caballos.

# Terapias, enseñanzas y *coaching* con caballos

*(...) En cuanto al malestar psíquico individual, en lugar de tratarlo como un resultado directo y obvio de una sociedad que nos impide vivir según los deseos, y en la que la supervivencia sólo es posible en estado de represión, se nos convence de que es debido a una deficiencia nuestra en la adaptación social, a que no sabemos manejar nuestras emociones y "que no hemos hecho los deberes": el orden social es maravilloso, somos nosotras las que estamos mal; y entonces se nos ofrecen "terapias", para remediar nuestro malestar individual, basadas en una manipulación de las emociones (alfabetización emocional, crecimiento personal, etc.); un conductismo emocional disfrazado de "inteligencia emocional" y otros eufemismos; terapias en definitiva que yo más bien veo como unas clases particulares que se aplican como complemento de las oficiales, destinadas a realizar el orden interior represor, es decir, a organizar la resignación, y a aprender a manejarnos por el mundo en el estado de represión. Así se conjuran emociones como la rabia y la indignación que nos llevarían a resistir y a empujar para conseguir un mayor margen de vida. (...)*

La represión del deseo materno y la génesis del estado de sumisión inconsciente, Casilda Rodrigáñez Bustos

**N**acidos a la sombra del deporte ecuestre, estos nuevos productos del mercado equino no son sino una nueva forma de lo mismo. La hábil reubicación de "los materiales", "los recursos" y "las alternativas" están generando una nueva demanda hacia los caballos y ampliando su mercado que incluye, además, personas con otros intereses, imposibilidad de montar o necesidad de ayuda psicológica, empresas que buscan una formación más acorde a los tiempos que corren, etc. Así, personas con las mejores intenciones se acercan a esta propuesta alternativa y en apariencia más respetuosa hacia los caballos para sumarse a las filas de los profesionales en formación y *coaching* o a los interesados usuarios-clientes y consumidores-pacientes. No es necesario tener conocimientos previos ni saber por qué no debe montarse un caballo o conocer realmente su psiquis. Basta saber que en algunos de estos espacios no se monta, aunque mañana podremos salir a galopar durante horas en la playa más cercana en algún caballo de alquiler.

Llevo mucho tiempo estudiando los caballos, su situación actual y la manera en que nos relacionamos con ellos y es a partir de eso que me he ido preguntando qué más hay detrás de esta situación.


## El caballo y su rol como catalizador social

No existe un animal en toda la historia del hombre comparable al caballo, su situación junto al hombre es de una complejidad sin parangón. Diría yo, la más compleja y extraña de las relaciones hombre-bestia que ha existido y por esto tan cargada de significado y simbología.

En principio quisiera decir que esta idea de seguir demandando del caballo más de su esfuerzo para uso nuestro o para estar a nuestro servicio es algo que no me parece justo. Estando tan inmerso en el mundo de los caballos considero que es un error ver y percibir a los animales y a la naturaleza toda como si hubieran sido creados para nuestra utilización. Tampoco veo que esta visión servil de la naturaleza y sus seres sea algo valorable o compatible con la amistad o la libre interacción respetuosa entre hombres y caballos.

Cuando cuestiono el trato en general con referencia a los caballos, me veo enfrentado a un mecanismo social que oculta la realidad con una ilusión y/o la legitimiza como algo ética e históricamente justificado. A muchos los violenta u horroriza la crudeza de mi planteo sobre nuestro trato hacia este animal amado y admirado desde siempre, "fiel compañero" y partícipe en la construcción de la historia humana; "trabajador" incansable en el desarrollo y la expansión de la huella del hombre; bestia de carga, "máquina" de guerra, esclavo de la noria, "motor" del transporte, alimento, símbolo de status y de poder, "noble bruto", cuerpo resignificado, golpeado, dominado, admirado, esclavizado y mercantilizado...

Según las últimas tendencias del mercado, los nuevos tiempos requieren, al parecer, otro tipo de hombre de negocios, jefe o ejecutivo; y las nuevas empresas, una nueva imagen. Rápidamente los profesionales del marketing se apuran a crear nuevos productos para estos nuevos nichos de mercado. Hace tiempo que se vienen buscando "soluciones", desde pintar lo muros de las fabricas de verde hasta hablar de sustentabilidad en la agenda de los gobiernos, y la imagen de las empresas y sus representantes vienen siguiendo esa corriente. Los cursos para ejecutivos con caballos están en auge.

Quiero en este artículo comenzar a enumerar y hacer foco sobre las ideas detrás de las actividades alternativas que se vienen planteando como formas más suaves de uso de los caballos. Sobre todo las que promueven su admisión en el mundo de las terapias y/o tecnologías de la enseñanza. Así que voy a analizar brevemente algunas de las promesas de estas terapias y cursos de aprendizaje personal con caballos.

## El liderazgo, el trabajo en grupo y la cooperación

La mayoría de los cursos y actividades proponen el aprendizaje o desarrollo de los conceptos aquí citados a través de distintos ejercicios que implicarían la participación (voluntaria o involuntaria) del caballo.

## El liderazgo

Entiendo que los etólogos han observado que una manada de caballos no tiene un caballo líder pues las relaciones cambian todo el tiempo. Los caballos, en realidad, forman manadas sobre la base de la amistad y los vínculos sociales. Es un mito que los caballos tienen líderes y, por lo tanto, que los seres humanos tienen que o pueden ser sus líderes. El término liderazgo se viene escuchando desde hace bastante tiempo en el mundo ecuestre pero parece ser otra proyección.

Incluso durante mucho tiempo me he estado preguntando qué es ser un líder y qué es guiar a los demás. Veo que el significado que se da a esta palabra en el mundo empresarial no compatibiliza con el que yo conozco, pero sí, en cambio, tiene todo que ver con lo que se espera de un director, jefe o empresario.

Quiero acercarles este interesante análisis, pues siempre aparece el tema de la Guía y el Liderazgo, muy de moda en el mundo de los caballos y particularmente en el tema del coaching, las domas "sin violencia" y otras propuestas similares que pueblan los jardines de esta posmodernidad.


## Guiar y manipular

*A menudo resulta difícil ver la diferencia entre guiar y manipular en la vida cotidiana. Podemos creer que estamos guiando a los demás cuando en realidad los estamos manipulando, por lo tanto, es importante conocer la auténtica diferencia entre ambas cosas.*

*La diferencia básica es que si se trata de manipulación, sabemos a quién manipulamos y lo que pretendemos de la manipulación, pero cuando guiamos no sabemos a quién guiamos ni lo que buscamos al guiar. La manipulación se basa en lo que deseamos; guiar, en cambio, es un acto involuntario. Podemos manipular a los demás si nuestros intereses y los suyos coinciden. Un jefe puede manipular a sus trabajadores para que trabajen más, pues todo el mundo querrá trabajar más si creen que de ello resulta que tanto el jefe como los trabajadores aumenten las ganancias. Sin embargo, es imposible manipular a nuestra familia del mismo modo porque los intereses de cada persona son distintos; entonces nos damos cuenta de que tenemos que guiar y no manipular. ¿Qué significa guiar? La mayoría piensa que guiar quiere decir lograr que los demás hagan lo que es bueno para ellos, pero es imposible saber lo que los demás tienen que hacer. Cuando inconscientemente pretendemos que los demás hagan o sean lo que nosotros queremos, inevitablemente eso se transforma en manipulación.* Kenyiro Yoshigasaki, *El viaje interno de un extraño,* 1999.

Por lo que conozco y he estudiado de los caballos, entiendo que el auge del liderazgo en las empresas privadas y su notable transposición y antropomorfización al mundo de los caballos es, sobre todo, una contaminación del lenguaje, tanto del mundo empresarial como del equino. Como dije anteriormente una nueva propuesta en el mercado de los cursos *new age.*

*Las cosas, las acciones, las metas de los hombres que pertenecen a una sociedad económica se dividen en valiosas y no-valiosas. Pero, ¿cómo determinar qué es lo valioso? A través de la cuantificación. Prácticamente todo comienza a cuantificarse: el nivel de vida, los años de vida, el bienestar, la salud... Casi todo se convierte en un valor que se gana o se pierde pero que siempre encuentra su equivalente en el mercado.* Ivan Illich

Pero volvamos al análisis de una de las herramientas del nuevo paradigma de las actividades asistidas con caballos: el caballo y sus virtudes. Lo que este nos enseña desde su naturaleza, su gran sensibilidad e inteligencia, su destino de transporte. El espejismo del espejo…

## Los caballos como espejo

Espejamos nuestra actitud empresarial para recoger ese reflejo en el caballo y llevarlo a la tierra del "desarrollo personal". Pero lo que hacemos es crear un espejismo sobre el liderazgo que pareciera no ser más que manipulación de otros y sometimiento a objetivos y necesidades personales o de la empresa a la que representamos. Nuestra medida y posibilidad de éxito está siempre garantizada por la sujeción al Sistema.

El mundo de las empresas puede espejarse en el del deporte y la competencia desde el punto de vista del esfuerzo en equipo para alcanzar el "éxito" y la "gloria", pero la pregunta es ¿qué tiene todo eso que ver con los caballos y su naturaleza? ¿Pensamos en el éxito y la gloria aparejados en esta "empresa" cuando decidimos mantenernos cerca de la madre naturaleza y sus seres para poder enriquecernos de este encuentro, conexión o "intercambio"?

Esperen un momento. ¿Cuáles son las claves del éxito que hasta hoy realmente enseñábamos en nuestra sociedad? Profesionalismo, obediencia y creatividad al servicio del sistema de poder en vigencia; un lugar propio en la cadena de producción, de consumo y de mando; competitividad, agresividad, entre otras. Las conquistas en el plano económico y sus luchas reflejan parte de lo que ocurre en otros planos de "la sociedad basada en el principio de la dominación". [36]

---

[36] Como dije en *El Silencio de los Caballos: Riane Eisler escribió en su libro El cáliz y la espada, sobre dos modelos básicos de sociedad: uno dominador, en el cual funciona la jerarquización de una parte de la población sobre otra parte; y otro solidario, en el cual la diversidad no se interpreta como superioridad o inferioridad de condiciones.*
*"Podemos tener la sensación de que el odio, la confrontación y la competencia aparecen constantemente en el ámbito humano. Pero sin embargo, no son intrínsecos de lo humano. La dominación y la lucha por obtener beneficios en detrimento de los demás reúnen un conjunto de emociones que separan. Es una modalidad adoptada, posible, pero no es obligatoriamente parte de lo humano" (Laura Gutman, 2012). Estudios de distintas fuentes concluyen que, cuando las comunidades se organizan sobre la base de la lucha y la agresión, son muchas las desventajas para todos los individuos. Cuando esto ocurre, según Gutman, los seres humanos enfermamos, nos fragmentamos y nos dividimos cada vez más, al punto de terminar heridos en todas las áreas. Esta desventaja relacionada a la agresión y la dominación es un fenómeno que ha sido observado por estudiosos de otros grupos animales.*
*"Cuando éramos niños nos preguntábamos cómo era posible que los seres humanos fuésemos tan crueles con otros humanos. Luego –simplemente– hemos dejado de formular esas preguntas. Los humanos somos capaces de cosechar los campos, escribir poesías, componer música, buscar la verdad, enseñar a un niño a leer y escribir. Somos capaces de inventar nuevas tecnologías, es decir, somos artífices de nuestra propia evolución. También somos los humanos quienes tal vez terminemos con este mundo en un desastre ecológico que estamos instaurando". (Laura Gutman 2012).*
*Estamos hoy, como dice Riane Eisler, en una "encrucijada evolutiva", pues las dos opciones (el modelo dominador y el modelo solidario) son posibles. (El Silencio de los Caballos, David Castro, 2015.)*

El escritor uruguayo Eduardo Galeano lo expresa bastante bien es su "Ventana sobre el hombre de éxito":

*No puede mirar la luna sin calcular la distancia.*

*No puede mirar un árbol sin calcular la leña.*

*No puede mirar un cuadro sin calcular el precio.*

*No puede mirar un menú sin calcular las calorías.*

*No puede mirar un hombre sin calcular la ventaja.*

*No puede mirar una mujer sin calcular el riesgo.*

## El trabajo en grupo y la cooperación

Hay una palabra que se ha puesto también en boga en estas actividades: asertividad. Ser asertivos es el nuevo término, luego de que el "ser competitivo" empezó a quedar fuera de moda y a sonar un poco fuerte para el "trabajo en equipo" de las nuevas tendencias empresariales. Lo he escuchado por primera vez casualmente en estos cursos con caballos y lo que pude observar es cómo se le enseña a distintas personas a imponer a los caballos algo que estos no quieren y que no les interesa. Es cierto que durante estas actividades las personas terminan cooperando y trabajando en grupos para manipular al caballo. Para decirlo según la perspectiva y lógica de esta actividad, logran "convencerlo" de dejarse "conducir" mediante una soga a un lugar donde no quiere ir [37].

## $H + \iint + C = AE$

En resumen, aquí el lugar del caballo y su participación es, lamentablemente, el mismo que en las otras actividades de las que he

[37] No olvidemos que la mayoría de los caballos son lo suficientemente sensibles e inteligentes como para darse cuenta de que la mejor opción es "colaborar" pues la experiencia junto a los humanos les ha demostrado que resistirse o ejercer seriamente alguna resistencia es peor.

hablado a lo largo de este libro: ser **usado** para esta "maravillosa experiencia personal". El caballo no **juega** al "liderazgo personal" así como no juega al Polo ni le interesa. No se siente parte de un equipo con los humanos, ni siquiera parte de un binomio (salvo el de alguna fórmula matemática que representaría con la simpleza y desapasionamiento de los números, el eterno abuso de la relación hombre caballo). Lamentablemente no tenemos a mano ningún signo que signifique o que represente la acción de parasitar. De tenerlo, la ecuación se representaría así: H + $\iint$ + C = AE H (hombre) + $\iint$ (parasitar) + C (caballo) = AE (actividades ecuestres)

## El efecto psico-terapéutico: el caballo objeto para la terapia

Hoy día y por doquier aparecen, cada vez más, actividades y cursos que ofrecen el auto conocimiento con caballos, la resolución de problemas, terapias y cosas similares. Parecen darle al caballo el rol de un "elemento sanador", un "espejo" u otro objeto con gran carga de movilización psicológica y/o espiritual. Incluso dicen que el caballo es parte del equipo, comparable a un terapista ocupacional a o un psicólogo profesional. Encuentro eso muy difícil de aceptar, pues sé bien cuál es la situación generalizada de los caballos en esos espacios. Claro que hay muchas variables y posibilidades, pero en todo caso, más allá de lo eficaces que estas terapias sean, el caballo no está considerado como quien realmente es; él es solo un simple objeto para la terapia, y esta podría también realizarse con un patito de goma, una almohada o cualquier otro objeto. El gran problema es que estas técnicas terapéuticas raras veces consideran al caballo o tienen en cuenta su "gramática fisiológica" básica e incluso, muchas veces, no se preguntan si el caballo desea convertirse en elemento/ actor terapéutico más de lo que se le pregunta a una vaca si quiere ser parte de un almuerzo.

# Las actividades asistidas con animales dentro del esquema de maltrato y el mal manejo de los animales en general

Al igual que con otros animales o gente, lo que hacemos con los caballos es violentarlos de muchas maneras, no los respetamos al sentirlos nacidos a nuestro servicio o para nuestras demandas. Estas pueden ser de carne y salchichas o de terapias ecuestres (terapias o clases de autoafirmación, necesarias en un sistema que nos agrede y nos hace necesitarlas). No estoy simplificando por demás, sino que trato de despejar las ecuaciones para que quede expuesto lo que subyace y persiste, tanto en las metodologías naturales y supuestamente respetuosas, como en la misma situación aplicada a los caballos de las sesiones de aprendizaje y las terapias ecuestres. Sigo insistiendo en las intenciones, pero no me estoy refiriendo a la buena intención del terapeuta o del amante de los caballos; me refiero al propósito con el cual las herramientas ecuestres, las técnicas y las metodologías fueron creadas y pensadas. Aludo a metodologías que se imponen al caballo: el shock neurocraneal, el movimiento de sierra [38] o la "suave presión" de las manos, ejercidas con el bocado y, por supuesto, al "hierro" en sí [39]. También hablo del sometimiento, la indefensión aprendida y la sujeción que pretende poner a un caballo dentro de una terapia y un ejercicio pensado en función de un requerimiento o divertimento humano. Eso no es libre y espontánea interacción, tampoco respeto. Hay realmente un largo proceso y mucho para cambiar para llegar a esto último y que los caballos (o los niños) no terminen pagando los platos rotos. ¿No les parece?

[38] Nombre de la técnica de restregar violentamente impactando con una pieza de metal (llamada freno o bridón) contra la mucosa de las encías y los dientes del caballo al efecto de producir un dolor agudo y/o una descarga similar a la que sentimos cuando golpeamos el nervio ulnar (o cubital) de la parte interna del brazo en el codo.

[39] Como ya expliqué en *El Silencio de los Caballos,* el bocado es un instrumento creado hace miles de años para producir dolor en la boca del caballo. Su colocación intencional en tejidos donde no se pueda generar ningún tipo de "resistencia" o adaptación miológica (por ejemplo un callo), aseguran la efectividad del artefacto, lo que no ocurría con la argolla que antiguamente se atravesaba (al igual que en toros o cerdos) en el tabique catilaginoso *(septum nasal)* del caballo.

# Conclusiones

1. En realidad creo que no hay nada que aprender de los caballos, excepto que ellos pueden convivir con otras especies. Nosotros somos capaces de la humanidad necesaria para trascender nuestro egoísmo y miedos infantiles por nuestra cuenta y deberíamos hacerlo. Definitivamente nada puede aprenderse de los caballos desde la perspectiva más arriba criticada de liderazgo o el mayor rendimiento de nuestras capacidades aplicadas en nuestra búsqueda personal de preferencias utilitarias. Tampoco del *coaching* o la ayuda en la satisfacción de las necesidades individuales expuestas en la góndola de los supermercados, las vidrieras de los *malls* o las agendas de los gobiernos y los economistas.

2. También considero, como remarqué al principio de este escrito, que al llamar a las personas *Recursos Humanos,* al llamar a los animales y a la tierra que habitamos *Recursos Naturales,* lo que principalmente se está haciendo es sostener la vieja idea de que el mundo pertenece a la raza humana o, al menos, a cierta parte de ella (suficientemente poderosa como para destruirlo con impunidad) y que todo en él es susceptible de ser explotado, manipulado o intervenido.

Una vez que aprendemos o somos alentados a pensar en la tierra, los seres y las personas como recursos, sean naturales o humanos, hasta la percepción que tenemos sobre nosotros y nuestro cuerpo se ve afectada. Un simple ejemplo de ello es la nueva idea del *bodybuilding,* poner el cuerpo "en valor".

3. Las palabras tienen fuerza performativa. Ellas hacen el mundo. En el mismo momento en que dejemos de hablar de modelos de negocios y empresas, de eficiencia y rentabilidad como principales prioridades, dejaremos de vernos como *homo economicus* y como objetos factibles de ser manipulados por las hojas de cálculo informático o en las mentes de los planificadores y profesionales.

En mi opinión, además de no ser un cambio para la vida de los caballos, esta nueva concepción de las necesidades humanas de transporte, terapias y *coaching,* alimentan y reproducen rápidamente la idea del recurso, del capital, sea este vivo o inerte. En total acuerdo con Iván Illich, la idea de que *la vida* en general -"vida humana" o animal- puede estar sujeta a la administración, al mejoramiento y a la evaluación en términos de recursos disponibles, me parece impensable desde la antigua lógica humanista que considera a la persona sujeto de derecho distinto de una cosa.

## Algunas propuestas

Desde hace mucho tiempo vengo explicando y profundizando sobre este tema. Sin embargo, pareciera que no se llegara a comprender en toda su magnitud. Por dicha razón, intentaré cambiar el enfoque y proponer, así, algo más para la reflexión.

Mi propuesta, modesta en definitva, intenta de alguna manera hacer un ejercicio de reflexión y de empatía.

¿Quieren hacer terapias que realmente respeten a los caballos?

1. Lo primero que tenemos que hacer es poner el bienestar y el respeto de los caballos (u otros animales) por encima de todo.

2. Debemos generar las situaciones necesarias para que siempre exista dicha primacía. Esto requiere de, por un lado, una verdadera formación hipológica respetuosa entre los profesionales y las personas con los caballos; y por el otro, unas condiciones de vida (apropiadas a la naturaleza del caballo) y de interacción entre caballos y personas muy cuidadas y respetuosas, así como también un plan a largo plazo.

3. Las actividades no deben estar orientadas a ayudar a las personas, sino a los caballos. Claro que esto ayudaría a las personas, y por supuesto los que estarían allí para ayudar a las personas son los profesionales, formadores y terapeutas, pues es de estos la responsabilidad (y si se quiere, para esto fueron contratados).

Estas son algunas pautas para empezar y puntos sobre los que debemos reflexionar para cambiar, de esta manera, nuestra "visión". Por supuesto que existen infinitos puntos aún por tratar, pero supongo que con eso bastará, en principio, para ofrecerles una idea de lo que estoy proponiendo. Mientras esto anteriormente dicho no exista o no se tenga en cuenta, no importará si es EAGALA, la FEI, la NHE o Martin Luther King quienes certifiquen las terapias.

Voy a extender la propuesta a una invitación. Tengo la intención de organizar un sistema de formación no solo para quien desee aprender, sino también para quienes deseen, como yo, ofrecer una alternativa a este tipo de actividades terapéuticas y de formación. Una elección realmente respetuosa, consonante y coherente con las intenciones que este tipo de actividades suelen manifestar. Estoy convencido de que, desde una nueva mirada hacia los caballos y un intenso respeto por ellos, podremos lograr construir una propuesta de estas características. Por lo menos podemos intentarlo con honestidad, sinceridad hacia nosotros mismos y respeto a los caballos y otros animales, así como con mucho esfuerzo, determinación y juego.

Por otro lado veo que este puede ser un proyecto sanador y restaurador, no solo para nosotros sino, también, para los caballos.

## Última reflexión

Dejemos a los caballos en paz y comencemos a hacernos responsables de los estragos que causamos en nuestra sociedad, en nuestros niños y en el planeta, no pretendamos seguir usando a los animales bajo una nueva máscara del mismo esquema de dominación, explotación y consumo.

Empecemos por vernos a nosotros mismos como gente común en relación con los demás, con una historia compartida y un futuro compartido. Comencemos a crear una cultura de gobierno y co-responsabilidad frente a los espacios comunales y los seres que cohabitan con nosotros, mientras que, al mismo tiempo, protegeremos nuestros medios de subsistencia.

Este nuevo lenguaje nos sitúa como agentes interactivos de las grandes colectividades -que deberían incluir a otras especies- en un territorio compartido.

Nuestra participación en estas totalidades más grandes, pero no tanto, es decir, las comunidades locales, los grupos de afinidad, las tradiciones inter-generacionales no erradican nuestra individualidad, pero ciertamente dan forma a nuestras preferencias, perspectivas, valores y conductas: quiénes somos.

Como dice David Bollier: *"Somos gente común, individuos creativos, distintivos inscritos dentro de grandes totalidades. Podemos tener muchos rasgos humanos poco atractivos impulsados por los temores individuales y el ego, pero también somos seres totalmente capaces de auto organización, cooperación, preocupación por la equidad y la justicia social, y el sacrificio en pos de un bien mayor y las generaciones futuras."*

*..hoy día, la mayoría de las veces, el valor junto a los caballos no tiene que ver con grandes hazañas, ni la fuerza con poderosos saltos. Ni siquiera con reconocerse equivocado desde toda la vida respecto de lo que entendíamos sobre ellos. El valor y la fuerza es, muchas veces, poder estar con ellos, tener el coraje y la voluntad de reconocerlos y comenzar nuestra relación de nuevo.*

# Palabras finales

# Palabras finales

Al principio de este libro les hablé de los hechos como parte de una realidad. Si bien esta puede interpretarse para cada uno de distinta manera, aun así, esos hechos, la mayoría de las veces, no dejarán de ser ciertos. Sé que cuando uno está muy inmerso en un tema, a veces puede perder perspectiva. Por lo general me ha pasado que es más simple la comunicación de estos temas y su comprensión con personas que no son del ámbito ecuestre. Quisiera proponerles nuevamente que, de encontrarlo interesante, consideren el recorrido y reflexiones de mis artículos como un ejercicio o como un juego. Sean cuales fueran las razones que los acercaron a este libro, a estas palabras, podrían ser una oportunidad para la revisión, para la empatía y para el auto cuestionamiento.

Siento nuevamente, tal vez algunos lo compartan, que todo lo que vamos haciendo tiene que ver con el camino para conocernos y darnos sentido. Los que recorren la senda de los caballos van a encontrar mucha maravilla en su cercanía, pues, por alguna razón, el caballo se ha convertido en un animal simbólico para los pueblos y culturas que lo han conocido. No dudo que la mayoría de ustedes lo ha experimentado en algún momento del encuentro o contemplación de estos maravillosos seres. La pregunta sigue siendo ¿qué siente el caballo? ¿Qué le hacemos sentir y experimentar durante estos encuentros? Todavía resuena en mí la frase del escritor Eduardo Galeano que les compartí al principio de este libro, "somos eso que hacemos para cambiar lo que somos". Desconozco las razones por las que cada uno de ustedes se acercó a los caballos, pero desearía llamar su atención sobre qué es lo que cada uno de nosotros hace con ellos o junto a ellos. Eso que, según el escritor uruguayo, en definitiva somos.

# Bibliografía, lecturas anexas, videos

# Bibliografía, lecturas anexas, videos

## General

Bevilacqua, Michael. *Beyond the dream horse. Words of thrue and horses I y II*

Bekoff, Marc. *Animals Matter.* Shambhala 2007

Castro, David. *El silencio de los Caballos.* conCaballos 2015

Eliot, T. S. *Cuatro cuartetos*

Hernández, José. *Martín Fierro*

Hurst, Ren. *Riding in the power of others.* Vegan publishers 2015

Illich, Ivan. *Obras Reunidas I y II*

May, Stormy. *The Path of the horse DVD*

Nevzorov, Alexander. *The Horse crusified and rised. Tractate on School mont. Equine Sport, secrets of the art.* Nevzorov Haute Ecole Publishing

## Material por temas y artículos
### Shadow y el susurrador de caballos

Indefensión aprendida https://www.youtube.com/watch?v=Em4V6W74b1M

Indefensión aprendida en TEDS: https://www.youtube.com/watch?v=OtB6R-TJVqPM

### Sobre la educación de los caballos y los (sus) domadores

Foucault, Michel. *Vigilar y Castigar*

Hernández, José. *Martín Fierro*

### El arte de los caballos

Frömm, Erich. *El arte de amar*

### Para aprender a levantarnos

Cyrulnik, Boris. *Los Patitos feos*

Gutman, Laura. *La privación del placer y la violencia*

Prescott, James W. *Body Pleasure and the origins of violence*

## La sonrisa del caballo

Miklosi, Adam. *Dog Behaviour, Evolution and Cognition.* http://www.amazon.
es/Behaviour-Evolution-Cognition-Oxford-Biology/dp/0199545669
Jackson, Jaime. *The Natural horse*
Revistas. *Nevzorov Haute Ecole Antologies.* Números 1 a 9. Nevzorov Haute
Ecole Publishing
Documental. National Geographic documentarys http://www.youtube.com/
watch?v=nj8SfPU037o
Documental. BBC documentary http://www.youtube.com/
watch?v=yZMegQH1SPg
Revistas. ScienceDaily 24 December 2004. 17 December 2008. *New
Theory Driving Evolutionary Changes.* http://www.sciencedaily.com/
releases/2004/12/041219192823.htm

## Los indios y sus caballos

Campbell, Joseph. *El poder del Mito*
Nevzorov, Alexander. *The Horse Crucified and Risen*

## Terapias, enseñanzas y coaching con caballos

Prescott, James W. *Body Pleasure and the origins of violence*
Rodrigáñez Bustos, Casilda. *La represión del deseo materno y la génesis del
estado de sumisión inconsciente*

# De cómo nos encontramos la pintura, los caballos y yo

por Tamara Esposito

Al momento de decidir ilustrar esta obra junto con la propuesta de incursionar en una nueva técnica, me senté a releer el primer libro de David, después de casi un año de mi primera lectura. Me hizo volver a aquella sensación que me generó en un principio: dinamismo, intriga, inquietudes y ansias de comprender un poco más acerca de esta manera de ver y sentir a los caballos. Y comencé a pensar ¿qué relación tenían conmigo sus palabras? A simple vista diría que Los caballos, los cuales son motivo de mis pinturas, pero por el momento personal en que me encuentro, pude sentir que está en mi interior esa conexión, esa necesidad de sentir libertad de expresarme, de amar, de elegir.

Hace tiempo, cuando comenzaba a relacionarme con la pintura, vi un cuadro de un caballo y pensé, ¡que animal más hermoso!, ¡qué difícil para retratarlo, cuántas curvas, cuántos músculos! Pero, aun así, comencé a elegirlos como motivo de mis obras sin dudarlo. La forma de pintar, los materiales, las imágenes que elegía, todo fue variando y, paralelamente, fue uniéndose con lo que iba sintiendo en mi interior. Las curvas ya no eran tan difíciles, ni eran tantas, sus músculos se lucían solos. Tal como es el caballo: bello por naturaleza.

Vivo actualmente en la provincia de Córdoba, en donde este hermoso lugar me dio el regalo más grande que pude haber recibido, el encontrarme conmigo misma, con mis verdaderos deseos y con una gran inquietud por redescubrirme. Mi compañero en este camino es Mario. Él me acercó a los caballos mediante su búsqueda. Su amor y respeto me sorprendían, fueron el motivo perfecto para conocerlos cada día más. Fue en ese mismo momento de mi vida que nos encontramos con David Castro. Ese momento me generó una gran emoción. Poder darme cuenta de que no es algo ideal, sino real. Ver que es así. Que ellos viven -y pueden convivir con nosotros- de esa manera.

Luego de eso, ahí estaba yo, con un pincel y una hoja delante de mí, pensando en todo lo que el caballo representa para mí. No fue tanto el encuentro con David, sino, cómo vi y sentí a sus caballos, suaves, dulces, independientes, únicos, personales, libres. Ahí percibí, dejando fluir y con pinceladas suaves, entrelazadas con el agua transparente y liviana que las envuelve, como comenzar a pintar estas obras y permitir que puedan buscar su propio camino.

Sentirnos libres de expresarnos, libres de elegir, libres de pensar, libres de amar, de divertirnos. Y sí, los caballos quieren lo mismo. No hay momento más hermoso que verlos galopar, jugar, unirse. ¿Acaso no era eso todo lo que yo admiraba de ellos? Desde allí parto para determinar lo que quiero para mí, para mi obra, pero también es lo que deseo para los caballos y para los demás. Cuántas cosas para llevarlas a una obra, ¿no? Qué Interesante ver, sentir, y luego transmitir. Qué encantador y atractivo es buscar, mediante este camino, una obra que sea fresca, suave y espontánea, pero con personalidad precisa que me represente.

Conocer a la manada de David, sin dudas, fue el mejor motivo para hacer estas ilustraciones. Pensar, pensar en cómo representar un susurro. Buscar bien adentro esa sensibilidad, y dejar que fluya. Sentir amor al ilustrar, y también encontrarme con ellos, los caballos. Entonces acariciarlos y pensar en cómo plasmar tanta nobleza. Así llegaron estas obras: acontecieron suaves, tranquilas, buscadas desde el interior, con prueba y error, pero de forma sincera y amorosa. Y fue en ese preciso momento que me pregunté ¿quién no desearía ser entendido y respetado, quién no anhelaría la libertad? Me quedó más claro que nunca que "El caballo siempre tiene la razón" y, ¡qué duda tenía! Es así, tan simple y a veces tan difícil de comprender.

Tamara Esposito<br>
Santa Rosa de Calamuchita - Mayo de 2016

# Índice

# Índice

DAVID CASTRO fue domador de caballos durante más de 10 años.

En ese período aplicó técnicas y métodos de diversas domas no violentas, siguiendo las orientaciones de Oscar Scarpati, Klaus F. Hempfling y Carolyne Resnick principalmente.

Su trabajo tuvo siempre rasgos sorprendentes por la gran facilidad y rapidez con que obtuvo excelentes resultados aun en los casos más difíciles.

En los últimos tiempos comenzó a considerar que "la doma" no es el encuadre adecuado para el tipo de relación con los caballos que pretendía lograr iniciando un nuevo recorrido orientado al concepto de "educación".

Desde hace ya varios años se dedica a impartir seminarios, cursos y charlas por países de habla hispana. En 2010 creó el Espacio conCaballos un centro de enseñanza e investigación sobre las relaciones entre caballos y humanos. En reconocimiento a la demostrada comprensión y puesta en práctica de sus principios, la Nevzorov Haute Ecole lo nombró en 2012 su representante en Argentina y en 2013 fundó la primera Escuela Argentina de Hipología.

Es autor del libro *El silencio de los caballos (2015)* y de numerosos artículos, algunos de los cuales se encuentran en este volumen.

Otros títulos del autor:

## El silencio de los caballos

"Sé que en este mundo nada sucede por casualidad, así llegó *El Silencio de los Caballos* a mis manos, sin haberlo buscado. Este libro ha despertado la consciencia que no tenía respecto a mi relación con este noble animal, tirando al suelo muchas de mis concepciones y teorías que hasta hoy tenía. Ahora vendrá lo difícil, hacer un replanteamiento de muchos conceptos y lo más importante, poder influir en las personas que al igual que yo, crecimos en una cultura donde no se respeta al caballo, solamente se lo utiliza."
**David Alonso** -Domador y experto en comunicación y rehabilitación de caballos-

"Un libro positivamente estremecedor. David escribe con honestidad extrema, expone nuestras ilusiones y eufemismos para dejarnos frente a frente con la auténtica libertad que todos buscamos, pero por temor hemos rechazado. Vivir el silencio del caballo implica indagar en nuestro interior, aceptar nuestros miedos e ir más allá de ellos para mirar con nuevos ojos nuestra relación con el caballo, con el otro, conmigo mismo.
Este libro es una invitación para vivir un proceso sanador y liberador junto al caballo; espero que el silencio haga eco en muchos corazones y hagamos de este mundo un lugar más solidario."
**Carlos Mancera Esquivel** -Especialista equino en la Fundación Lasso-